BLAUE REIHE

SEENOT- UND RETTUNG

Eigel Wiese

HEEL

Impressum

HEEL Verlag GmbH
Gut Pottscheidt
53639 Königswinter
Tel.: 0 22 23/92 30-0
Fax: 0 22 23/92 30-26

Verantwortlich für den Inhalt:
Eigel Wiese

Buchgestaltung, Satz- und Reproarbeiten:
Fotosatz Hoffmann, Winterscheid

Druck und Verarbeitung:
New Interlitho, Caleppio (Mailand)

Printed and bound in Italy

ISBN: 3-89365-787-8

BLAUE REIHE

SEENOT- und RETTUNG

EIGEL WIESE

HEEL

Inhaltsverzeichnis

Rund um die Uhr in Bereitschaft – Alltag auf einem Rettungskreuzer

Während Kaffee in den Bechern dampft und frische Brötchen aufgeschnitten werden, beginnt die Tagesplanung. Jeden Morgen während des Frühstücks besprechen Hans-Jürgen Schöttke, Holger Budig, Peter Kramer und

Der Arbeitsplatz des Navigators ist mit mehreren Funk- und Navigationsgeräten ausgestattet.

Die 23,1 Meter langen Seenotkreuzer (auch 24-m-Klasse genannt) gehören zur neuesten Generation dieser Spezialschiffe und zu den modernsten der Welt.

Olaf Burrmann, die Besatzungsmitglieder des Seenotrettungskreuzers „Hans Hackmack", was an diesem Tag anliegt. Wartungsarbeiten am Schiff, eine Kontrollfahrt, Übungen, eine Besprechung mit dem örtlichen Medizinerer? Die Aufgaben sind auch ohne Rettungseinsätze vielfältig auf einem Seenotrettungskreuzer.

Bisher sind vier Einheiten in Dienst gestellt: „Hans Hackmack“ in Büsum, „Hermann Rudolf Meyer“ in Bremerhaven, „Bernhard Gruben“ auf Norderney und „Theo Fischer“ in Warnemünde.

Während die vier Männer sich noch unterhalten, quakt im Hintergrund der Lautsprecher des Funkgerätes, das Gespräch wird einen Augenblick leiser, jeden Augenblick kann alle Planung unterbrochen werden, weil Menschen auf See in Not geraten sind und der Rettungskreuzer sofort auslaufen muß.

An diesem sonnigen und klaren Tag haben die Männer sich für eine Kontrollfahrt entschieden. Sie haben keine hoheitlichen Kontrollaufgaben, wie Küstenwache oder Zoll, aber sie müssen das Revier kennen wie ihre Westentasche. Zumal der eigentlich in Büsum stationierte Kreuzer während dieser Sommerwochen die Kollegen in Cuxhaven vertritt. Zwar sind die Seekarten auf dem neuesten Stand, die aktuellen Berichtigungen eingetragen, aber die Watten an der Nordseeküste verändern sich schnell. Und die lokale Schiffahrt, die Schlepper, Fischer und Segler haben so ihre eigenen kleinen Wege und Abkürzungen außerhalb der Betonnung: „Wir legen uns an einem klaren Tag wie diesem einfach mal vor Anker und sehen uns an, wie der alltägliche Verkehr auf dem Wasser wirklich läuft. Dann wissen wir auch bei schlechter Sicht und schwerer See, wo wir ein in Not geratenes Schiff suchen können. Außerdem probieren wir aus, über welche flachen Stellen wir bei welchen Wasserständen noch rüberkommen. Das kann in einem Notfall viel Zeit sparen.“

Selbstverständlich werden Kontrollfahrten nicht nur bei schönem Wetter unternommen, sondern auch bei schlechter Sicht und schwerer See. Dann kommt es darauf an, herauszufinden, wie Strömungen laufen, wo Grundseen entstehen können, wie der Kreuzer sich verhält. So ganz nebenbei werden die Männer immer vertrauter mit ihrem Boot und dem Revier.

Während der Kontrollfahrt wird zur Übung das Tochterboot „Christian“ geslipt. Jeder Handgriff ist zwar schon jetzt eingespielt, aber das soll durch ständigen Umgang auch so bleiben. Ein gut durchkonstruierter Mechanismus läßt das Boot automatisch zu Wasser und nimmt es auch wieder auf. Bei schwerer See ist das zwar ein nicht so ganz einfaches Manöver, aber dann legt der Mann auf der Brücke das Heck mit der hydraulisch betätigten Klappe für das Tochterboot ein wenig in Lee. Wird die See zu stark, kann das Tochterboot auch allein über längere Strecken einen sicheren Hafen anlaufen.

Die Männer an Bord eines Seenotkreuzers stützen sich bei ihren nicht ungefährlichen Einsätzen auf die Erfahrung aus Kontrollfahrten, aber auch auf den Grundstock ihrer guten Ausbildung. Praktiker aus der Seefahrt sind sie ohnehin alle. Nach einem halben Jahr Probezeit absolvieren sie die medizinische Ausbildung. Zunächst eine Woche lang Theorie, dann folgt die

Ein Radargerät vor dem Fahrstand erleichtert auch bei schlechter Sicht den Überblick im Revier.

rechts:
Die Maschine kann von der Brücke aus bedient werden. Nur zu den Wartungsarbeiten muß die Mannschaft in den Maschinenraum.

Praxis in der Notfallstation eines Krankenhauses oder auf einem Rettungswagen. Die Ausbilder wissen längst, daß die Versorgung von Verletzten auf einem Seenotrettungskreuzer schwieriger ist als in einem Rettungswagen auf der Landstraße. Sie haben sich in der Ausbildung darauf eingestellt und schärfen den Lehrgangsteilnehmern der DGzRS ein, welche Maßnahmen an Bord sinnvoll und welche gar nicht durchführbar sind.

Hat es auf einem Havaristen Verletzte gegeben und ist dies aus der Seenotmeldung ersichtlich, dann fährt auf jedem Seenotkreuzer gleich ein erfahrener Notarzt mit. Zu solchen Einsätzen haben sich an jeder Rettungsstation der DGzRS örtliche Notärzte bereiterklärt, die regelmäßig mit an Bord kommen, bei Kontrollfahrten dabei sind und sich mit der medizinischen Ausrüstung an Bord auskennen. So wächst auch der Kontakt zwi-

Trotz ihres geringen Tiefganges sind die Tochterboote voll seetüchtig und in der Brandung einsetzbar.
Die Besatzungen haben zu Rettungskreuzern und Tochterbooten volles Vertrauen.

schen Rettungsmännern und Ärzten, beide Seiten sind im Ernstfall aufeinander eingespielt. Und die Besatzung des Seenotkreuzers kann dem Mediziner assistieren.

Während weiterer Lehrgänge lernen die Seenot-Rettungsmänner Lecks abzudichten, Brände zu bekämpfen und die Koordination von Rettungsmaßnahmen. So werden immer wieder Besatzungsmitglieder der Kreuzer in die Zentrale der DGzRS nach Bremen beordert, um in der SAR-Schule Einsätze zu üben. Im Keller des Gebäudes ist eine vollständige Einsatzzen-

trale, für die Simulation von Seenotfällen. In Einzelkabinen müssen sie sich über Funk mit anderen eingesetzten Rettungskräften verständigen, Entscheidungen treffen und eine optimale Rettung koordinieren. Anschließend wird besprochen, was hätte besser laufen können.

Aber zurück zum Alltag an Bord. 14 Tage dauert der Dienst, dann hat die Mannschaft 14 Tage frei und es kommen vier andere Männer an Bord. Während der Bereitschaftszeit in den Häfen gibt es keinen Wachrhythmus, der Dienst läuft rund um die Uhr. Jeden Augenblick kann über Funk ein

Die Tochterboote können auch dann zu Wasser gelassen werden, wenn der Rettungskreuzer Fahrt macht.

Notfall gemeldet werden. Selbst nachts, wenn die Männer in ihrer Koje liegen, läuft das Funkgerät. Olaf Bohrmann: „Wenn das Gerät losquakt und man seinen Rufnamen hört, ist man sofort hellwach. Während der 14 Tage an Bord gibt es keine wirklich ruhige Minute. Da fällt es einem schwer, richtig abzuschalten, wenn die 14 freien Tage beginnen."

Während der Zeit an Bord ist Kollegialität gefragt. Zwar gibt es einen Vormann, einen Verantwortlichen, doch die täglichen Aufgaben vom Reinigen aller Räume des Kreuzers bis zum Essenkochen übernimmt jeder einmal. Wichtig ist, daß die vier Männer nicht nur als Rettungsteam funktionieren, sondern sich bei dem engen Zusammenleben an Bord auch menschlich verstehen. Aber das zeigt sich schon während der Probezeit: „Wer hier nicht reinpaßt, der merkt das sehr schnell selbst und ist dann ganz schnell wieder verschwunden..." Wer aber bleibt, gehört von dem Augenblick an zu einem fest verschworenen Team, in dem sich jeder auf jeden verlassen kann und muß.

SAR

Die Tochterboote mit einem Tiefgang
von maximal 80 Zentimetern
eignen sich für Einsätze in flachen Gewässern.

Die Hydraulik nimmt das Tochterboot
auch dann wieder an Bord, wenn der
Kreuzer Fahrt macht. Aber es muß ständig
geübt werden…

DJ 4122

Norderney – die Geschichte einer deutschen Rettungsstation

Die Stationierung des ersten Rettungsbootes auf der Nordseeinsel Norderney wurde noch von der Obrigkeit verordnet. Der Auricher Landdrost des Königreiches Hannover bestellte 1837 in Holland ein offenes Rettungsboot, das auf der Insel stationiert wurde. Es war das erste an der deutschen Nordseeküste und sollte eigentlich nur ein Anfang sein. Der Aufbau weiterer Rettungsstationen kam aber nicht so recht voran, die Finanzierung blieb ungeklärt, vielleicht hat auch die ablehnende Haltung der meisten Inselbewohner gegen Rettungsstationen an der Küste eine Rolle gespielt. Doch davon soll später noch die Rede sein.

Auch von dem ersten Rettungsboot auf Norderney sind keine Rettungserfolge überliefert, doch es hatte offensichtlich den Boden für die Eigen-

Westen aus Korkstreifen sollten die Rettungsmänner bei ihren gefährlichen Einsätzen über Wasser halten. Hier posieren dic Freiwilligen der Station Norderney vor ihrem Rettungsschuppen. Im Vordergrund ist ein Raketenapparat zu erkennen, der wegen der flachen Wattenküste auf Norderney jedoch selten eingesetzt wurde.

Bei einem Alarm entschied der Vormann je nach Lage des Havaristen, ob das Boot von der Oststation oder der Weststation an den Strand gebracht wurde.

initiative der Fischer und Schiffer der Insel bereitet, schon 1862 einen eigenen Verein zur Rettung von Schiffbrüchigen zu gründen. Am Oststrand von Norderney bauten sie einen Rettungsschuppen und brachten darin das Ruderrettungsboot unter.

Mit dieser Vereinsgründung und dem damit verbundenen humanitären Denken lagen die Menschen von Norderney weit vorn. Nur zwei Jahre zuvor hatten Einwohner der Nachbarinsel Borkum noch tatenlos zugesehen, wie eine Bark von schweren Seen auf dem Borkumriff zerschlagen wurde und die Besatzung ertrank.

Nachdem im Mai 1865 in Kiel die Deutsche Gesellschaft zur Rettung Schiffbrüchiger (DGzRS) gegründet worden war, traten drei Jahre später auch die freiwilligen Retter von Norderney bei. Für ihre Rettungsarbeit brachte das Vorteile: Sie erhielten einen Raketenapparat, mit dem Leinen über gestrandete Schiffe geschossen werden konnten, es wurde eine weitere Station im Westteil der Insel eingerichtet, an der ein weiteres, 26 Fuß langes Rettungsboot stationiert wurde. Die Oststation erhielt nun einen jener aus Stein aufgemauerten standardisierten Rettungsschuppen, wie man sie noch heute überall an der Nord- und Ostseeküste entdecken kann. Darin wurde ein 32 Fuß langes Rettungsboot untergebracht.

Inzwischen kamen erste Kurgäste auf die Nordseeinsel und erfuhren von der aufopferungsvollen Arbeit der Rettungsmänner an der Küste. Die DGzRS trug außerdem das Ihre dazu bei, den Gedanken der Seenotrettung auch weitab von den Küsten zu propagieren.

Während einer Übung hatten die Männer Zeit, für den Fotografen zu posieren.

Mit der Mannschaft an Bord rutschte das Rettungsboot von seinem Slipwagen.

So ist es nicht weiter verwunderlich, wenn Menschen aus dem Binnenland Geld sammelten, um damit eine der Stationen an der Küste zu unterstützen. Beispielsweise erhielten die Seenotretter von Norderney 1881 das Rettungsboot „Upstalsboom“ zum Rudern und Segeln als Spende aus Barmen-Elberfeld. Und der Stammtisch „Fürst Bismarck“ aus Düsseldorf stiftete 1893 das gleichnamige, achteinhalb Meter lange Rettungsboot. Die Spender der Düsseldorfer Herrenrunde ahnten damals sicherlich nicht, welche über 100 Jahre hinausreichende Langzeitwirkung sie damit erzielen würden. „Ihr“ Boot gibt es noch heute, es befindet sich in einem Top-Zustand und ist Mittelpunkt eines Museums über Seenotrettung auf Norderney. Dies wiederum sorgt für Spendenaufkommen zugunsten der DGzRS und hilft so auch heute noch Menschenleben zu retten. Das ist sicherlich mehr, als die Düsseldorfer Stammtischrunde jemals erhofft hatte.

Den Männern von der Rettungsstation Norderney gab ein großes Rettungsboot zwar etwas mehr Sicherheit, doch sie mußten dessen großes Gewicht auch allein mit Muskelkraft bis zum Havaristen rudern. Die Boote hatten zwar Segel, doch wenn ein Schiff gestrandet war, herrschte meist

Die Rettungsboote konnten gerudert und gesegelt werden.

stark auflandiger Wind, gegen den man kaum aufkreuzen konnte. So erzählen die Menschen auf Norderney noch heute, wie sehr ihre Großväter sich in die Riemen legten, um helfen zu können. Sie saßen mit dem Rücken zum Bug, sahen also nicht, wie das Boot vorankam. Nur der Vormann am Steuer hatte das Ziel im Blick und feuerte seine Männer immer wieder an: „Nur noch ein paar Meter, Männer, dann sind wir da!“ So gaben die Rude-

Heute ist die Station Norderney mit dem Rettungskreuzer „Bernhard Gruben“ (Tochterboot „Johann Fidi“) ausgestattet. Der Kreuzer der 24-Meter-Klasse gehört zur neuesten Generation von Booten, die von der DGzRS aufgrund ihrer langen Erfahrung entwickelt wurden.

Bei einer Übung rettet die Mannschaft des Tochterbootes einen im Wasser treibenden Menschen.

rer ihr letztes und kamen in einer Stunde harten Ruderns manchmal doch nur wenig mehr als zehn weitere Meter voran.

Hatten sie nach ein bis zwei Stunden Rudern in stürmischer See endlich den Havaristen erreicht, waren sie manchmal so entkräftet, daß sie kaum noch Kraft fanden, die Leine mit einem Wurfanker herüberzuwerfen oder eine Bordwand heraufzuklettern, um helfen zu können.

Das Ruderrettungsboot erlebte mit seinen Besatzungen einige Abenteuer, von denen auf der Insel noch heute erzählt wird.

So ruderte eine Mannschaft einmal gegen den Strom zu einem gestrandeten Schiff. Nachdem sie einen Wurfanker herübergeworfen hatten und an Bord geklettert waren, fanden sie keinen Menschen an Deck. Sie selber brachten sich aber auch gleich in Sicherheit. Das Schiff hatte eine Ladung Tiere für den bekannten Hamburger Tierpark Hagenbeck an Bord, deren Käfigstäbe bei der Strandung zu Bruch gegangen waren, so daß einige Tiere frei herumliefen. Zum Schutz gegen sie hatte die Besatzung sich verschanzt.

Gemeinsam fingen Retter und Schiffbrüchige zunächst die Tiere wieder ein, bevor die Rettungsarbeiten begannen.

Die Menschen auf den Nordseeinseln waren zu jener Zeit arm, die Einkommen aus dem Fischfang ernährten nur mühsam die Familien, und Kurgäste brachten noch wenig Geld. Da sagte mancher Vater zu seiner Familie: „Das wird alles besser, wenn einmal ein Goldschiff strandet…"

Im Jahre 1924 schien es soweit zu sein. Das Ruderrettungsboot „Fürst Bismarck" wurde alarmiert und die Mannschaft ruderte zu einem gestrandeten Schiff hinaus. Dort nahm der Kapitän den Vormann Johann Friedrich Rass zur Seite und eröffnete ihm, daß an Bord Gold- und Silberbarren im Wert von sieben bis acht Millionen Reichsmark für die Deutsche Reichsbank waren. In mehreren Fahrten barg die Rettungsmannschaft die schwere und wertvolle Ladung. Als das Rettungsboot von seiner letzten Fahrt zum Havaristen an den Strand zurückkam, standen dort schon Soldaten der Reichswehr, um den Schatz zu bewachen und von der Insel abzutransportieren.

Doch nach ihrem harten Einsatz mit den mehrfachen Ruderbootfahrten zwischen Havaristen und Strand fanden die Rettungsmänner keine lange Nachtruhe. Während der Dunkelheit polterten Gewehrkolben heftig gegen die Türen derjenigen, die auf dem Rettungsboot gewesen waren. Die Häuser wurden durchsucht, alle mußten erneut herunter zum Strand – es fehlte ein Silberbarren. Alle Rettungsmänner und auch die Besatzungsmitglieder standen im Verdacht. Da hatte Vormann Rass, der keinen Augenblick an der Ehrlichkeit seiner Männer zweifelte, eine Idee: Er erinnerte sich, daß einige Kaffeesäcke bei der Strandung verrutscht waren.

Die Mannschaft ruderte unter scharfer Bewachung der Reichswehr also ein weiteres Mal hinaus, stieg in den Laderaum und fand tatsächlich den fehlenden Barren unter den Säcken. Die Männer von Norderney wurden durch dieses gestrandete Goldschiff keineswegs reich, auch wenn sie ihren gerechten Bergelohn erhielten. Ein paar Jahrhunderte früher wäre das sicherlich noch anders gewesen...

Über Generationen wuchs die Verbundenheit der Menschen auf Norderney mit „ihrer" Rettungsstation. Wurde das Alarmhorn geblasen, zum Zeichen, daß ein Schiff Hilfe brauchte, dann stiegen nicht nur die Rettungsmänner aus ihren Betten, der ganze Ort war auf den Beinen. Es war keine

Im ehemaligen Rettungsschuppen des DGzRS auf Norderney ist heute ein Museum, das alle jene Gegenstände zeigt, mit denen frühere Generationen vor ihrer Küste Menschenleben retteten.

Das mehr als 100 Jahre alte Rettungsboot „Fürst Bismark“ ist noch heute in einem sehr gepflegten Zustand. Es erlebte während seiner aktiven Zeit etliche außergewöhnliche Rettungsabenteuer…

Sensationslust, sondern reine Sorge um die Väter, Brüder und Ehemänner, die sich in die tosende See wagten. Die Gespannführer holten aus unterschiedlichen Ställen die notwendigen sechs Pferde, um die Rettungsboote ins Wasser ziehen zu können, der Vormann entschied nach Wind und Strömung, welches der beiden Boote, das von der Ost- oder von der Weststation, zu Wasser gelassen wurde. Unterdessen warteten die Angehörigen auf die Rückkehr, suchten mit ihren Augen Einzelheiten in der See erkennen zu können und beteten für eine gesunde Rückkehr. Nebenher bereiten sie alles

vor, um möglicherweise Gerettete gleich versorgen zu können. So erlebten auch Kinder und Jugendliche die Rettungsarbeit mit, sie wuchsen ganz selbstverständlich damit auf, und oft genug gab es Familien, in denen jede Generation der DGzRS angehörte. Ein solches Beispiel ist die Familie Rass. 1880 begann Johann Friedrich Rass als Rettungsmann, zehn Jahre später wurde er Vormann der Station. 1919 trat sein Sohn mit dem gleichen Vornamen die Nachfolge an und dessen wiederum gleichnamiger Sohn war von 1957 bis 1987 Vormann.

Das Boot war auf dem Transportwagen so befestigt, daß es innerhalb kurzer Zeit geslipt werden konnte.

Die Motorisierung erreichte Norderney im Jahre 1927. Da erhielt die Rettungsmannschaft das 11,85 Meter lange Einschraubenboot „Bremen" mit einem acht PS starken Motor, das in einem Wellblechschuppen im Hafen stationiert war. Zwei Jahre später gab es unter dem gleichen Namen ein neues Doppelschraubenrettungsboot von 16,17 Metern Länge mit zwei 72 PS starken Maschinen, die das Boot 10,5 Knoten schnell machten.

Vormann und Maschinist für diese neue Bootsklasse waren nun bei der DGzRS fest angestellt, sie hatten das Boot zu warten und für ständige Einsatzbereitschaft zu sorgen. Die übrige Mannschaft bestand weiterhin aus Freiwilligen.

Im Jahre 1949, gleich nach dem Kriege, erhielt Norderney ein 17,5 Meter langes Motorrettungsboot mit dem Namen „Norderney", 1969 folgte das 18,9 Meter lange Rettungsboot „Otto Schülke".

Heute ist auf Norderney der Seenotkreuzer „Bernhard Gruben" (mit seinem Tochterboot „Johann Fidi") stationiert. Er gehört zur 24-Meter-Klasse, den modernsten Kreuzern der DGzRS. Für die Menschen auf Norderney allerdings ist es schlichtweg „unser Kreuzer".

Diese enge Verbundenheit mit dem Seenot-Rettungswesen und seiner Geschichte zeigt sich auch in der Ausgestaltung des ehemaligen Rettungsschuppens zu einem Museum der Seenotrettungsstation Norderney. Dort ist nicht nur das hervorragend erhaltene und gepflegte Rettungsboot „Fürst Bismarck" zu sehen, sondern auch Rettungsgeräte, die frühere Generationen benutzt haben. Alte Fotos zeigen, wie schwierig die Rettung Schiffbrüchiger zu allen Zeiten gewesen ist. Und sie zeigen, was die Menschen an der Küste an Mühen auf sich nahmen, um meist fremde Seeleute zu retten…

An dem Transportwagen konnten bis zu sechs Pferde angeschirrt werden, um das schwere Boot auch durch Dünensand an den Strand zu ziehen.

Legerwall – keine Chance zum Freikreuzen

Starke Herbst- und Winterstürme an der deutschen Nordseeküste heulen meist aus Westen oder Nordwesten heran, drücken Wassermassen in die Deutsche Bucht und in die drei großen Mündungstrichter von Elbe, Weser und Jade. Besonders Segelschiffe laufen bei solchen Wetterverhältnissen immer wieder Gefahr, auf Legerwall zu geraten, also in eine Situation, aus der sie sich mit eigener Kraft nicht mehr freikreuzen können.

Bei schlechter Sicht, wenn Schiffe aus dem englischen Kanal kommend die Festlandküste ansteuerten, hatten sie bei wolkenverhangenem Himmel oft keine Gelegenheit mehr, ein astronomisches Besteck zu nehmen, um ihre genaue Position festzustellen. Die Annäherung an die Küste mußte also vom Ausguck gemeldet werden. Bei stark auflandigem Wind, wenn noch dazu die auflaufende Tide das Wasser gegen die Küste drückte, reichte es oft nicht mehr aus, die Küste in zwei oder drei Seemeilen Entfernung zu sichten. Unter diesen Verhältnissen konnte ein Schiff sich nicht mehr rechtzeitig freikreuzen und strandete fast unvermeidlich auf weit ins Meer oder in die Nahe der Fahrwasser reichenden Sänden.

So erging es am 28. Oktober 1900 dem Hamburger Viermastvollschiff „H. Bischoff“. Der Kapitän hatte in der Elbmündung in Höhe des Feuerschiffes „Elbe 2“ einen Lotsen übernommen, Südwestwind mit Böen in Orkanstärke drückte den Salpetersegler aber unaufhörlich auf den Großen Vogelsand, wo er strandete. Von den Feuerschiffen „Elbe 2“ und „Elbe 3“ wurden sofort Ruderrettungsboote losgeschickt, um die Mannschaft zu bergen. Eines der Boote kenterte durch, drei Insassen konnten sich auf den Kiel retten. Doch ein Versuch sie zu bergen mißlang, sie verschwanden aus der Sicht und wurden nie wieder gesehen.

Ein anderes Ruderrettungsboot konnte acht Schiffbrüchige der „H. Bischoff“ übernehmen, doch es driftete eine Nacht lang auf dem Wasser, bevor es einen Schlepper erreichte. Die Hälfte der Besatzung der „H. Bischoff“ kam ums Leben. Es waren zwölf Menschenleben zu beklagen.

Wrack des Viermastvollschiffes „H. Bischoff“. Die Teile sind nach dem Durchbruch den mittschiffs befindlichen Mahlsandhügel hinabgeglitten.

In der Nähe von Ostende an der belgischen Nordseeküste strandete am 26. November 1925 der Hamburger Segler „Obotritia". Seine Ladung konnte mit Loren über eilig verlegte Feldbahnschienen geborgen werden.

Die Strandung eines Schiffes lockte auch um die Wende zum 20. Jahrhundert schon Schaulustige an.

Auf Legerwall geriet auch der Schoner „Johanne" aus Rotterdam und scheiterte an der Wattenküste.

Vollstrecker des Strandrechtes kannten keine Gnade

In schwerer Brandung vor einer Küste zu stranden, bedeutete für Seeleute in früheren Zeiten den sicheren Tod. Auf Hilfe von Küstenbewohnern durften sie kaum hoffen.

Die Menschen an der Küste waren nicht immer so aufopferungsvolle Retter wie heute. Ein Navigationsfehler vor der Küste war für Kapitäne, ihre Mannschaften und Schiffe noch weit bis ins 19. Jahrhundert hinein so gut wie der letzte Fehler, den sie machten. An einer Küste zu stranden, bedeutete den sicheren Tod. Selbst wenn der Landstrich bewohnt war, konnte selten mit fremder Hilfe gerechnet werden. Die Küstenbewohner waren kaum bereit, ihr Leben und ihre Schiffe zu riskieren, um Fremden zu helfen. Auf See war sich jeder selbst der nächste.

Außerdem profitierten die Küstenbewohner von einer Strandung. Die angeschwemmten Waren bargen und verkauften sie, aus den Schiffsplanken bauten sie Häuser und Ställe, Reste der großen zerfetzten Segel reichten noch immer, um ein neues Segel für ein kleines Küstenboot zu nähen.

Im Laufe der Zeit sahen es Küstenbewohner als ihr gutes Recht an, zu bergen, was das Meer ihnen anschwemmte. Es soll sogar Zeiten gegeben haben, in denen sie sonntags in den Kirchen darum beteten, einen „gesegneten Strand“ zu erhalten. Daß sie letztendlich darum beteten, anderen Menschen den Tod zu bringen, schien keiner bedacht zu haben.

Das Strandrecht wurde rücksichtslos auch in der Nähe von Hafenstädten ausgeübt, die eigentlich in Geschäftsbeziehungen zueinander standen. So geschah es, daß Waren zwar am Bestimmungsort verkauft wurden, der absendende Kaufmann aber davon keinen Pfennig erhielt, weil sie von einem gestrandeten Schiff stammten und auf Rechnung der Berger in den Handel kamen.

Die Obrigkeit griff in dieses Strandrecht erst ein, als es gegen ihre eigenen Interessen ging. Hatten doch da Untertanen ein Einkommen, von dem die Herrscher keinen Anteil bekamen! Adolph, der Herzog von Holstein, legte deshalb 1584 genau fest, wie das zu verteilen wäre, was der Strand an Gütern brachte: „... wenn ein Schiff anstrandet, soll den Leuten das 4te Part gefolget werden, und uns sollen sie zugut aufheben und zuschicken das 3te Part, dem Kaufmann soll folgen das 2te Part, ist aber der Kaufmann nicht dabey, nehmen wir die 3te Part, und die es bergen die 4te Part." Der Landesherr machte also bei jeder Strandung einen guten Schnitt. Zumal er noch festgelegt hatte, „wenn teuerbare Güter, als Seiden Gewand, Flachs, Wachs und anderes aufstrandet und geborgen werden, sollen unsere Unterthanen schuldig seyn, uns von deme ein richtig Verzeichniß zu überschicken, um sich unseres Befehls zu erholen, die Güther von Flotten und fahren lassen, ehe sie unseren Willen wissen..."

Es brachte ein gutes Einkommen, mit begehrten Waren aus aller Herren Ländern zu handeln, ohne die Gefahr weiter Reisen und das Risiko hoher Kosten auf sich genommen zu haben. Überlebende eines Schiffbruches störten dabei nur. Küstenbewohner warteten manchmal so lange, bis sich auf einem gestrandeten Schiff nichts mehr bewegte, dann begannen sie zu plündern. Etwaige Überlebende hatten noch Glück, wenn sie gefangengenommen und gegen Lösegeld wieder freigelassen wurden. Manchmal wurden sie einfach erschlagen. Ein Verhalten, das Papst Urban in einem Schutzbrief von 1364 geißelte und damit erstmals Partei für die Seeleute von gestrandeten Schiffen ergriff. So untersagt er, die Mannschaften „gefangenzunehmen, zu verfesten und anzuhalten und was noch unmenschlicher ist, zu verwunden und zu tödten, auch ihre Waaren, Sachen, Güter und Schiffe zu sich zu reißen, und sich derselben zu bemächtigen, das geraubte aber wiederum zu behalten..."

Wenn Brecher ein Schiff zerschlugen, blieb jeder sich selbst überlassen.

Doch der Papst war weit entfernt und die Versuchung des schnellen Reichtums vor der Küste groß. Ihr konnten auch geistliche Herren nicht immer widerstehen. Im Februar 1373 ging Erzbischof Albert von Bremen so weit, eine Kuff, einen Küstensegler des Stader Kapitäns Nikolaus, der auf dem Weg von Flandern nach Hamburg war und im Kehdinger Land an der Elbe einen Nothafen angelaufen hatte „in feindseliger Weise anzugreifen". Doch Schiffer gehörten in jener Zeit nicht zur ängstlichen Sorte und so heuerte Nikolaus einige Anwohner an, die ihm helfen sollten, sich gegen den Angriff zu wehren. Aber die Übermacht war zu

Die angeschwemmte Ladung von Schiffen wurde als Strandgut meistbietend versteigert.

groß, und so machte der Erzbischof ein Angebot. Für sechs Tonnen Hering und 13 Gulden Bargeld sei er bereit, von den Feindseligkeiten abzulassen. Nikolaus blieb nichts weiter übrig, als einzuwilligen. Dasselbe Verhalten auf See hätte als Piraterie gegolten und wäre streng bestraft worden. Im April desselben Jahres ordinierte der Bischof übrigens wieder Geistliche in einer Kirche in Verden…

Sein Nachfolger Albert II. verurteilte das Verhalten seines Vorgängers und verdammte alle jene, „die auf Schiffen gefundene Sachen und Güter mit Gewalt wegnehmen, ja, was noch grausamer und unmenschlicher ist, die Kaufleute und andere im Schiff befindliche Menschen gefangen nehmen, und als Leibeigene in Banden legen, bis sie sich durch Geld wieder loskaufen können…“ Statt dessen werden die Küstenbewohner angewiesen, „zur Zeit der Noth und des Sturms in Rettung und Bergen Hülfe und Beystand zu leisten…“ Dafür sollten sie einen angemessenen Bergelohn erhalten. Wer aber noch immer nach dem alten Strandrecht verfährt, sollte verbannt werden.

Unter welchen Umständen ein Schiff zur leichten Beute werden konnte, beschreibt eindringlich ein Vorfall vor Övelgönne auf der Elbe bei Hamburg in dem 1781 erschienen Buch „Vom Strandrechte“: „Das Schmack-Schiff ‚de St. Peter‘ Schiffer Jan Behrens, hatte zu Glückstadt Winterlager gehalten, und war hierauf nach geendigtem Frost 1729 von dort ab und nach Hamburg aufgesegelt. Am 3ten März abends legte es sich bey Neumühlen vor Anker. Der Schiffer gieng am folgenden Morgen von Bord, um die Nachricht seiner Ankunft in die Stadt zu bringen. Ungefähr anderthalb Stunden nachher trieb ein großes Stück Eis in der Elbe los, und vor dem Schiffe. Als hierauf der Anker nachließ und mittrieb, kappte das Volk (damalige Bezeichnung für Mannschaft, Anm. d. Verf.) zur Rettung des Schiffes das Ankerseil, und also wurde es durch das Eis an Land getrieben und durchgestoßen, so auch beschädigt, daß bey der Fluth das Wasser unaufhaltsam einstürzte. Gleich nach hiervon erhaltener Nachricht eilte der Schiffer zurück, und kam noch vor der Fluth an. Zur schleunigen Hülfe hatte er einige Schiffszimmerleute dahin beordert. Bey seiner Ankunft aber fand er das Schiff voll Menschen, unter denen auch Lootsen von Neumühlen und viele Unbekannte waren, die ihn zwingen wollten, die Schiffsluken zu öffnen, und die Güter übers Eis an Land zu bringen, denen er jedoch nicht Gehör gab.

Unter der Zeit, daß man den Schaden auszubessern suchte, lief die Fluth so hoch ans Schiff, daß man davon ablassen mußte, da es dann ganz voll Wasser wurde, sonst aber im Stande blieb.

Auf Befehl des damaligen Pinnebergischen Landdrosten, des Herrn Grafen von Callenberg, ‚dem Schiffe mit so viel Leuten, als nöthig wäre, zu Hülfe zu kommen, unter der Zeit aber an niemand als an Altonaer, etwas verabfolgen zu lassen', besetzte der Vogt zum Othmarschen mit seinen Leuten am Abend das Schiff, ließ einige von einem Hamburger bereits in dessen Fahrzeug übernommene Waaren mit Gewalt wieder heraus nehmen, am folgenden Tage aber durch Altonaer Fahrzeuge alles an den Strand bringen, ohne dem Schiffer, der übrigens mit seinem Volke beständig bey dem Schiffe blieb, das geringste zu überlassen. Bey diesem Ausladen gieng es zum größten Nachteil der Waaren sehr unordentlich und gewaltsam her. Ein gegenwärtiger Pinnebergischer Unterbeamter wehrte diesen Unfug nicht, und befahl dem Schiffer unter harten Drohungen, sich von dort wegzubegeben, der indessen, ohne sich irre machen zu lassen, nach gänzlicher Löschung des Schiffes es völlig ausbessern ließ.

Ob er nun gleich nach erfolgter Ankunft des Herrn Grafen von Callenberg die Erlaubniß erhielt, von dort an in einen Hafen zu gehen, so wußte man es doch wieder dahin zu bringen, daß die Erlaubnis widerrufen, und der Schiffer, dort liegen zu bleiben, befehligt ward.

Man setzte auch kurz darauf den öffentlichen Verkauf eines Theils der Güter an. Die Interessenten des Schiffes und der Ladung legten zwar, unter Fürsprache ihrer Obrigkeit und unter Assistenz einiger hier residierender Herrn Minister, Vorstellungen dagegen ein, und boten zum Überfluß bis zur etwa erforderlichen königlichen Resolution, ohne jedoch dadurch etwas einzuräumen, eine billige Kaution an. Auch die Regierung von Magdeburg unterstützte einen preußischen Ladungsinteressenten bey dem Landdrosten durch die Anerinnerung, dessen Waaren in natura gegen Bezahlung eines Bergelohns so ungeschmälert wieder auszuliefern, als solches im Preußischen gegen Dänische Unterthanen geschehe. Da dieses alles aber fruchtlos war, wandten sich die Interessenten mit einer Vorstellung an des Königs Majestät, und baten um Auslieferung des Schiffes und der Güter gegen Bezahlung der Unkosten des Löschens."

Mit seetüchtigen Ruderrettungsbooten wurden erste Versuche unternommen, Schiffbrüchige zu bergen.

In vielen Fällen waren rettungswillige Fischer ratlos, weil ihnen die geeigneten Boote zur Bergung fehlten.

Um es kurz zu machen, der Schiffer erhielt keinen Schadensersatz, und es dauerte noch viele Jahrzehnte, bis derartiges Strandrecht abgeschafft wurde. Und es sollten noch mehr als 100 Jahre vergehen, bis es nicht nur Regelungen gab, wie mit gestrandeten Waren zu verfahren sei, sondern auch Maßnahmen zur Rettung von Menschenleben getroffen wurden.

Noch im Jahre 1724 beklagte sich Georg, der König von England, Herzog von Braunschweig und Lüneburg, daß „Blankeneser, Altonaer und Helgoländer gestrandeten Schiffen nicht nur die schuldige Folge verweigert, sondern das darauf befindliche Schiffsvolck mit Gewalt davongetrieben habe." Georg bewertete dies als ein „Ruin des Commercii gereichendes Unwesen" und befahl seinen Untertanen, künftig Hilfe zu leisten.

Um den Handel nicht unter dem Strandrecht leiden zu lassen, sicherten sich Hafenstädte mit den Herrschern von Küstenländern mittels Verträgen ab. Doch diese Verträge regelten noch immer nicht die Hilfe für Überlebende einer Strandung, sondern nur, wie mit den geborgenen Gütern zu verfahren sei. Menschenleben wurden gering geachtet, solche Verträge hatten lediglich zum Ziel, den Handel nicht zu behindern. Zur Hilfeleistung war kein Küstenbewohner verpflichtet, König Abel von Dänemark mußte jedoch am 11. November 1250 seine Untertanen noch einmal ausdrücklich anweisen, „daß wenn etwa Seeleute in unglücklicher Weise in irgendeiner Gegend unseres Reiches Schiffbruch leiden, ihre Güter, welche sie mit eigenem Fleiß und Kosten bergen können, ihnen wohlbehalten und unverletzt, auch frey von allen und jeden Ansprüchen, verbleiben sollen."

Erst nach und nach verpflichteten Verträge auch zur Hilfeleistung, die Helfenden sollten sich dafür aber nicht etwa Güter aneignen dürfen, sondern einen gerechten Bergelohn erhalten, der dem Einkommen eines Fischers oder Arbeiters entsprach.

Es mag aber nicht immer nur Hartherzigkeit gewesen sein, wenn die Küstenbewohner nicht halfen. Sie kannten die Strandabschnitte, an denen sie wohnten, und deren Tücken genau. Und sie hatten selten geeignete Boote, bei wütender See hinauszufahren, um Schiffbrüchige zu retten. Damit hätten sie nicht nur ihr Leben gefährdet, sondern auch den Verlust ihrer Boote riskiert, mit denen sie ihren Lebensunterhalt verdienten.

Vor diesem Hintergrund versuchte der Londoner Wagenbauer Lukin 1784 ein unsinkbares Boot zu konstruieren. In praktischen Versuchen bewährte sich die Konstruktion. Man ließ mehrere davon bauen und stationierte eines bei Bamborough an der englischen Ostküste, wo schon kurze Zeit später die Besatzung eines gestrandeten Schiffes damit gerettet wurde. Aber obgleich der Prinz von Wales die Angelegenheit protegierte, fand die Idee jedoch an anderen Küstenabschnitten keine Nachahmung.

Aufgerüttelt wurde die britische Öffentlichkeit aber durch eine Strandung im Jahre 1789 in der Tynemündung vor der englischen Ostküste. Nur 300 Meter vom Ufer entfernt war ein Segler nahe des Ortes Shields gestrandet, die Besatzung hatte sich vor der über das Deck brechenden Brandung in die Wanten geflüchtet. Am Ufer stand eine nach Tausenden zählende Menschenmenge und sah ohnmächtig zu, wie einer der Seeleute nach dem anderen vor Entkräftung los ließ, in die Brandung stürzte und kurze Zeit später ans Ufer geschwemmt wurde. Niemand wollte es riskieren, dem Schiff durch die wütende Brandung zur Hilfe zu kommen.

Unter dem Eindruck des schrecklichen Erlebnisses setzten die Einwohner von Shields einen Preis für das beste Rettungsboot aus. Der Schiffbauer Greathead überzeugte mit einer Konstruktion, die noch im selben Jahr realisiert und auf einer Rettungsstation bei Shields bereit gehalten wurde. Es bewährte sich auch in der Praxis und rettete in kurzer Zeit die Mannschaften von fünf in der Tyne gestrandeten Schiffen.

In den nächsten zehn Jahren baute Greathead 31 Boote, die im selben Zeitraum rund 200 Menschen retteten.

Im Jahre 1824 rief Sir William Hillary das englische Volk zur Gründung eines Vereines mit dem langen Namen „Royal National Institution for the Preservation of Life from Shipwreck" auf, dessen Protektor König Georg IV. wurde. Heute heißt die Vereinigung „Royal National Lifeboat Institution" (RNLI).

Innerhalb eines Jahres baute dieser Verein Rettungsstationen mit zwölf Booten auf und schaffte Geräte an, die es ermöglichen sollten, Leinen zu gestrandeten Schiffen herüberzuschießen. Denn es hatte sich gezeigt, daß der Einsatz von Booten manchmal zu riskant war. Statt dessen versuchte man mit Leinenverbindungen Menschen ein einem Rettungsring mit angenähter Hose zu bergen, der sogenannten Hosenboje, die auch an deutschen Küsten bis weit in das 20. Jahrhundert hinein verwendet wurde. Die Leine war bei den englischen, von Manby konstruierten, sogenannten Manbyschen Mörserapparaten an einer acht bis zehn Pfund schweren Kugel befestigt. Allerdings brachen die Leinen infolge der schnellen Beschleunigung der Kugel oft und es mußte erneut geschossen werden.

Die RNLI errichtete im 19. Jahrhundert rund 200 Bootsstationen, hinzu kamen 305 Stationen, von denen aus Leinen verschossen werden konnten, und die dem Board of Trade, der englischen Handelskammer, unterstanden. Gemeinsam retteten beide Institutionen bis zur Wende zum 20. Jahrhundert rund 20 000 Menschenleben.

In Holland gab es bereits seit 1824 eine Rettungsinstitution und in Dänemark seit 1850. Ein Viertel der von den Dänen geretteten Seeleute waren übrigens Deutsche.

Die Anfänge des deutschen Rettungswesens gehen auf das Jahr 1850 zurück. Zur Sicherung gefährlicher Punkte an der Ostseeküste errichtete die preußische Regierung nach und nach 20 Stationen für Boote und Leinenschußgeräte. Für deren Bedienung waren die königlich preußischen Lotsen verantwortlich. Die Leistungsfähigkeit dieser Stationen blieb allerdings gering. Man hatte zwar bewährte, schwere und stabile Rettungsboot angeschafft, aber dabei übersehen, daß diese im Dünensand der Ostseeküste schwierig und manchmal gar nicht zu transportieren waren. Und die Lotsen nahmen die zusätzliche Pflicht nur in einer Art und Weise wahr, die man heute „Dienst nach Vorschrift" nennt. An der Nordseeküste gab es zu dieser Zeit noch gar keine Rettungsstationen.

Die Rettung Schiffbrüchiger hat im Laufe von über 100 Jahren nichts von ihrer Dramatik verloren.

Der Untergang der „Alliance“ rüttelt die Menschen an der Küste auf

Navigationslehrer Adolph Bermpohl war einer der unermüdlichen Wegbereiter für eine Gesellschaft zur Rettung von Schiffbrüchigen.

Die Situation war unmenschlich: In den Wanten der im Morgengrauen des 10. September 1860 auf dem Borkumriff vor der Nordseeküste gestrandeten Brigg „Alliance“ hing die neun Mann starke Besatzung, sie konnte schon das feste Land sehen und erkannte die Fischer am Ufer, die zu ihnen herübersahen. Die Gestrandeten riefen laut um Hilfe, aber die Fischer unternahmen keinen Handschlag, um ihnen zu helfen. Teilnahmslos sahen sie zu, wie die See ihr Zerstörungswerk vollendete. Erste Planken, Teile der Ladung wurden ans Ufer getrieben, die Rufe der Besatzung wurden zunächst immer verzweifelter, schließlich kraftloser und dann immer seltener.

Ein Gast auf der Insel Borkum konnte die Untätigkeit nicht mit ansehen. Er war selbst als Kapitän zur See gefahren und forderte die Fischer erregt auf, weitere Männer aus dem Dorf zu holen, ein Boot zu Wasser zu bringen und zumindest zu versuchen, den Gestrandeten Hilfe zu bringen. Doch die Fischer drehten ihm den Rücken zu, keiner wollte auf seine Worte hören. Auch sein Hinweis, sie könnten doch schon bald in einer ähnlichen Lage sein, verhallte. Nur einer meinte, wie um sich selbst zu beruhigen, die See gehe viel zu hoch, um etwas unternehmen zu können. Wenig später überrollte eine besonders hohe Welle die Brigg, der Rumpf brach auseinander und die Masten stürzten in die aufgewühlte See.

Den Kapitän, dessen Name heute längst vergessen ist, ließ dieses Erlebnis nicht mehr los. Er erzählte davon in seiner Heimat und am 30. September 1860 berichtete die „Weserzeitung“ ausführlich über die Strandung. Dabei brandmarkte sie das unmenschliche Verhalten der Fischer.

Den Bericht hatte der Navigationslehrer Adolf Bermpohl aus Bremen-Vegesack gelesen und schrieb am 3. Oktober 1860 einen Aufruf in der „Vegesacker Wochenschrift“. Er bezeichnete das Verhalten der Borkumer Fischer als eine Schande für ganz Deutschland und rief dazu auf, nach dem Beispiel Englands und der Niederlande Seenotrettungsstationen einzurich-

Die Zentrale der DGzRS liegt heute in Bremen. Dort können die Kreuzer und Boote in einem eigenen Bootsschuppen gewartet werden.

ten. Unermüdlich und in kurzen Abständen schrieb er weitere aufrüttelnde Aufsätze. Schließlich verfaßte er gemeinsam mit dem Vegesacker Rechtsanwalt und Notar Carl Julius Adolph Kuhlmay einen Aufruf, der mit den Worten endete: „Deshalb geht hiermit an alle Deutsche der ernste Ruf, sich an diesem Werke der Wohlthätigkeit nach Kräften zu betheiligen“.

Die Appelle blieben nicht ungehört. Schon im März 1861 gründete Oberzollinspektor Georg Breusing in Emden als erste Organisation dieser Art auf deutschen Boden einen ostfriesischen Verein zur Rettung Schiffbrüchiger. Noch im gleichen Jahr folgte ein weiterer Verein in Hamburg. Zwischen 1863 und 1865 zogen auch die Hafenstädte Bremen, Kiel, Rostock, Lübeck und Danzig nach.

An der Nordseeküste allerdings gab es noch immer Vorbehalte gegen ein Rettungswerk. Der von der Bremer Handelskammer beauftrage Sachverständige Lüder Hindrichson, der Voraussetzungen zur Einrichtung von Rettungsstationen zwischen Wangerooge und Borkum erkunden sollte, kam nach ausgiebigen Ortsbesichtigungen zu dem Schluß, daß für solche Stationen keine Aussicht auf Erfolg bestünde. Sein Urteil: Die Bevölkerung sei kaum dafür zu gewinnen und es gäbe sicherlich Schwierigkeiten, genügend Männer zur Bemannung der Rettungsboote zu finden. Doch schließlich verschlossen sich auch die Inselbewohner nicht mehr dem Zeitgeist. Am 7. September 1864 wurde von einer Rettungsstation auf Spiekeroog die fünfköpfige Besatzung des gestrandeten französischen Seglers „Gagnerie" gerettet.

Regionale Rettungsvereine, in oft dünn besiedelten Regionen, mußten mit knappen Spendenmitteln auskommen. Abhilfe könnte nur ein überregionaler Verein schaffen, der seine Ideale auch den Menschen im Binnenland verständlich machen und dort auch in größerem Umfang zu Spenden aufrufen könnte. Für einen solchen Zusammenschluß machte sich besonders Dr. Arwed Emminghaus stark, Schriftführer des Bremer Rettungs-Vereins und Redakteur beim „Bremer Handelsblatt".

Unermüdlich propagierte er seine Idee, bis die Regionalvereine ihre Vorbehalte gegen einen Zusammenschluß aufgaben und gemeinsam am 29. Mai 1865 in Kiel die „Deutsche Gesellschaft zur Rettung Schiffbrüchiger" gründeten. Es war ein Verein über Landesgrenzen hinweg – erst sechs Jahre später gründete Otto von Bismarck das Deutsche Reich.

Mit der Gründung von 1865 war die Voraussetzung für den Aufbau eines einheitlichen Rettungsdienstes an deutschen Küsten geschaffen. Zum ersten Vorsitzenden der Gesellschaft wählte die Versammlung einen Mann aus der Schiffahrt – Hermann Henrich Meyer, Mitbegründer der Bremer Reederei Norddeutscher Lloyd.

Noch heute ist die Deutsche Gesellschaft zur Rettung Schiffbrüchiger ein Verein, der ohne staatliche Unterstützung, allein aus Spendengeldern finanziert, die Aufgaben des Rettungswesens an den deutschen Küsten wahrnimmt. Um seine Aufgaben zu erfüllen, hat der Verein nicht nur Rettungsstationen an der Küste eingerichtet, sondern auch Rettungsgeräte, Boote und Seenotkreuzer entwickelt, die oft zu den fortschrittlichsten der Welt gehören.

Weltweit ist die DGzRS die einzige nichtstaatliche Seenot-Rettungsorganisation, die ihre eigenen Rettungsmittel auch eigenständig einsetzt und ohne staatliche Subventionen für Such- und Rettungsaktionen auf See verantwortlich ist. Der administrative Aufwand der Gesellschaft ist gering: Rund 90 % des Spendenaufkommens fließen in die Rettungsarbeit und den dafür notwendigen technischen Apparat.

Mit solchen Plakaten warb die Deutsche Gesellschaft zur Rettung Schiffbrüchiger auch im Binnenland um Spenden.

Spuren längst gestrandeter Schiffe finden sich heute im Wrackmuseum von Cuxhaven

Vor dem Wrackmuseum in Cuxhaven liegen die Überreste des 1858 gebauten Gaffelschoners „Albertus", der 1864 nach einer Kollision in der Elbe gesunken war.

Die Deutsche Bucht, das nasse Dreieck zwischen Jade, Weser und Elbe sowie die Ostfriesischen Inseln bis zur Emsmündung zählen zu den gefährlichsten Gewässern der Welt. Oft starker westlicher, also auflandiger Wind, verbunden mit kräftigen Tideströmungen, vorgelagerten Watten, Sandbänken und einer über weite Strecken flachen Küste ohne auffällige Landmarken machen die Navigation schwierig. Es gibt Schätzungen, nach denen an dieser Küste vom späten Mittelalter bis heute 3000, 4000 Schiffe oder noch mehr gescheitert sind. Einige Wracks ragen bei Ebbe noch immer aus den Sänden, andere sind längst in den Meeresboden eingespült und nur manchmal noch legt die Strömung ein Ausrüstungsteil oder ein Stück des Rumpfes frei.

Bei langen Wattwanderungen fand der Cuxhavener Peter Baltes in den sechziger und siebziger Jahren so manches Einzelstück, das Hinweis auf ein Wrack in der Nähe gab. Gezielt fing er während des Niedrigwassers an zu graben und förderte weitere Stücke ans Tageslicht. Der Cuxhavener forschte nach Herkunft der Funde und im Laufe der Zeit wußte er, an welcher Stelle bestimmte Schiffe gescheitert waren. So gestaltete er seine Suche immer systematischer und förderte Ausrüstungsgegenstände oder Teile ehemaliger Ladung zu Tage. Ende der siebziger Jahre zeigte Peter Baltes seine Fundstücke in Cuxhaven in einer Ausstellung mit dem Titel „Aus gesunkenen Schiffen". Die Resonanz war so groß, daß die Stadtväter Cuxhavens sich entschlossen, die einmalige Sammlung in einem besonderen Gebäude als ständige Ausstellung zu zeigen. Daraus wurde 1980 das „Wrackmuseum".

Seit seinem Bestehen wurde das Museum, dessen Leiter Peter Baltes ist, ständig erweitert. Heute zeigt es auf 1800 Quadratmetern Ausstellungsfläche rund 1500 Exponate zur Schiffahrtsgeschichte.

Dargestellt sind auch einzelne Schiffsschicksale. Dazu gehören der Dampfer „Celia", der 1891 40 Seemeilen nördlich von Helgo-

Die Ausstellungsräume des Museums beschäftigen sich mit Schwerpunktthemen, von der Rettung Schiffbrüchiger über Bergung bis hin zum Schicksal einzelner Schiffe.

land sank. Er hatte eine wertvolle Ladung Kupferbarren an Bord, von denen einige heute im Wrackmuseum lagern. Die Hamburger Bark „Paposo", ein Salpetersegler, war als Ankerlieger vor Glückstadt von einem Dampfer überrannt worden. Peter Baltes hatte an der Unglücksstelle einen Sextanten, ein Namensschild, und einige kleinere Ausrüstungsteile gefunden, sie waren der Grundstock seiner heutigen, reichhaltigen Sammlung.

Geschildert wird auch das Schicksal des englischen Passagier- und Frachtdampfers „Guildford Castle", der 1933 mit dem ebenfalls englischen Frachtdampfer „Stentor" kollidierte und auseinanderbrach. Eine Kollision wurde auch dem deutschen Passagierdampfer „Cimbria" zum Verhängnis, heute sind Ausrüstungsgegenstände von dem Schiff im Wrackmuseum zu sehen. Aber auch viele kleinere, längst vergessene Schiffe haben auf dem Meeresgrund Spuren hinterlassen, ihr Schicksal wird heute im Wrackmuseum dokumentiert. Zugleich werden in anschaulichen Grafiken und Modellen aber auch Methoden der Bergung und Rettung gezeigt.

In dichtem Nebel und aufgrund falscher Ausweichmanöver kollidierten im Mai 1933 in der Nähe der Ostebank der englische Passagierdampfer „Guildford Castle“ und der ebenfalls englische Frachtdampfer „Stentor“. Die „Guildford Castle“ lief durch ein neun Meter langes und drei Meter hohes Loch sofort voll, drei Seeleute, die ihre Kammern in der Nähe der Kollisionsstelle hatten, kamen ums Leben. Das Schiff sackte mit dem Steven sofort auf Grund. Der schwimmfähig gebliebene Frachter „Stentor“ nahm die Passagiere und einen Teil der Besatzung der „Guildford Castle“ auf. Mehrere Schlepper versuchten den Passagierdampfer aus der Fahrrinne zu ziehen, doch mit geringem Erfolg. Am nächsten Morgen sahen nur noch die Masten und der Schornstein des Schiffes aus dem Wasser.

Nur einer aus einer ganzen Reihe von Tankerunfällen in den vergangenen Jahrzehnten: Der griechische Tanker „Apollian Wave" brach im Dezember 1976 vor der französischen Atlantikküste auseinander und verursachte eine Ölpest.

Vor Amrum strandete im August 1964 der mit Eisenerz beladene Frachter „Pella". Der Kapitän hatte sich geweigert, Schlepperhilfe anzunehmen. Einen Tag später brach das Schiff auseinander.

Eine der frühen Bergungsmethoden bestand darin, mit luftgefüllten Fässern ein Schiff zu heben.

Feuer an Bord war in der Frühzeit der Passagierdampfer fast immer mit dem Totalverlust des Schiffes verbunden.

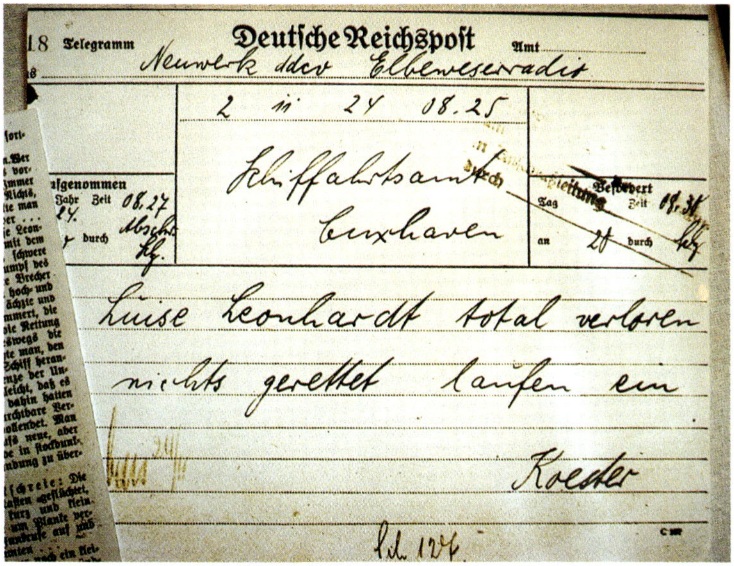
Telegramm **Deutsche Reichspost** Amt

Neuwerk über Elbeweserradio

2 ii 24 08.25

Schiffahrtsamt Cuxhaven

Luise Leonhardt total verloren nichts gerettet laufen ein

Koester

Cuxhaven zu ankern, sondern seewärts auszulaufen. Nach der Strandung rettete sich die 30 Mann starke Besatzung in die Masten und wartete auf Hilfe. In der Brandung auf dieser flachen Sandbank, die schon vielen Schiffen zum Verhängnis geworden ist, kamen Rettungsschiffe jedoch nicht an den Havaristen heran.
Die Brandung zerschlug in kurzer Zeit das Schiff, alle Mann ertranken.
Übrig blieben ein Rettungsring, ein Teil eines Rettungsbootes und ein vergilbtes Bild der „Luise Leonhardt“.

Hinter der lapidaren Formulierung „Luise Leonhardt total verloren / nichts gerettet / laufen ein“, die ein Seenotretter per Telegramm an das Schiffahrtsamt in Cuxhaven funkte, steckt eine der Tragödien der Schiffahrt.
Im November 1924 war der Dampfer „Luise Leonhardt“ auf dem Großen Vogelsand in der Elbmündung gestrandet. Ursache: Der Kapitän hatte sich entschieden, bei Orkanstürmen nicht vor

Schwere Brandung, eine Gefahr für Schiffbrüchige und Retter

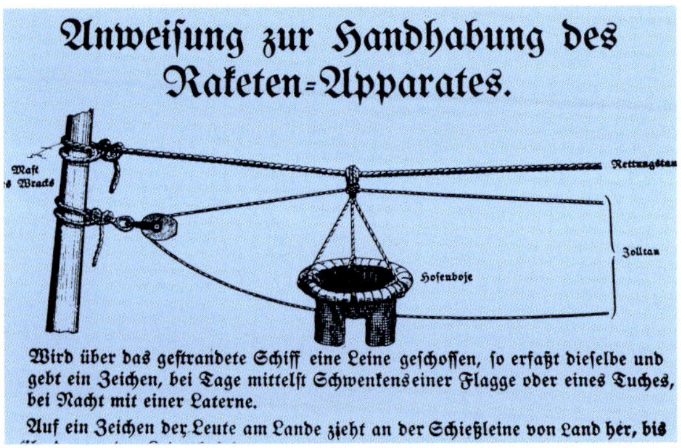
Anweisung zur Handhabung des Raketen-Apparates.

Wird über das gestrandete Schiff eine Leine geschossen, so erfaßt dieselbe und gebt ein Zeichen, bei Tage mittelst Schwenkens einer Flagge oder eines Tuches, bei Nacht mit einer Laterne.

Auf ein Zeichen der Leute am Lande zieht an der Schießleine von Land her, bis

Bis in die sechziger Jahre des 20. Jahrhunderts waren solche Plakate mit Anweisungen zur Handhabung des Raketenapparates ein vertrauter Anblick in vielen Hafenorten.

Das Abbergen Überlebender von einem gestrandeten Schiff war für Retter nicht weniger gefährlich als für Schiffbrüchige. Jeder Brecher konnte ihr Boot kentern lassen oder so voll Wasser schlagen, daß es manövrierunfähig wurde. Man suchte also Möglichkeiten, das Risiko für die Helfer gering zu halten und trotzdem Menschenleben retten zu können. Wieder einmal war ein schweres Schiffsunglück Auslöser für eine neue Entwicklung. Im Februar 1807 strandete vor Yarmouth an der britischen Ostküste die Brigg „Snipe" nur 60 Meter vom Ufer entfernt. Die Brandung war so stark, daß alle Rettungsversuche mit Booten scheiterten und 67 Menschen den Tod fanden. Zu denjenigen, die am Ufer ohnmächtig mit ansehen mußten, wie Menschen vor ihren Augen starben, ohne daß

Ein Pferdegespann brachte den Raketenapparat und die dazugehörigen Leinen an den Strand. Im weichen Dünensand mußten alle Männer schieben helfen.

Die leichte Schießleine war in Kästen so aufgeschossen, daß sie beim Abschuß der Rakete ohne sich zu vertörnen ausrauschen konnte.

man ihnen helfen konnte, gehörte der Kaserneninspektor von Yarmouth, Captain George William Manby. Als Artillerist hatte er die Mittel zur Verfügung, ausgiebige Versuche zu starten, mit dem Ziel, eine Leine zu einem Havaristen herüberzuschießen. Schließlich bewährte sich der Schuß mit einem Mörser, also einer steil schießenden Waffe.

Captain Manby übergab seine Erfindung an den örtlichen Rettungsverein und sie bewährte sich sofort. Genau ein Jahr nach der verhängnisvollen Strandung der „Snipe" konnten mit Hilfe einer Leinenverbindung nach einem Mörser-Schuß von der gestrandeten Brigg „Elizabeth" sieben Menschen geborgen werden. Nach dieser ersten Bewährungsprobe wurden weitere Rettungsstationen auch auf dem europäischen Festland mit den sogenannten Manby-Mörsern ausgestattet. Sie gehörten eine zeitlang zur Standard-Ausrüstung vieler Küstenrettungsstationen. Auch an der preußischen Ostseeküste waren Manby-Mörser aufgestellt, weil es dort viele Strandungen dicht unter Land gab. Für den Einsatz an der Nordseeküste eigneten sich Leinenschußgeräte weniger, weil die Strandungsstellen meist weit außerhalb der Schußentfernungen lagen und daher nur mit Booten zu erreichen waren. Auch die Deutsche Gesellschaft zur Rettung Schiffbrüchiger übernahm kurz nach ihrer Gründung Manby-Mörser.

Doch bei allen Rettungserfolgen hatten die Manby-Mörser auch erhebliche Nachteile. Es waren eigentlich Artillerie-Waffen,

Der Vormann ist bereit die Rakete zu zünden, um eine Leine zu einem Havaristen hinüberschießen zu können.

Mit einem dicken Rauchschweif zischt die Rakete zu den Schiffbrüchigen hinüber.

Beschriftete Anhänger erklärten den Besatzungen in deutsch und englisch, wie sie die herübergeschossene Leine befestigen sollten.

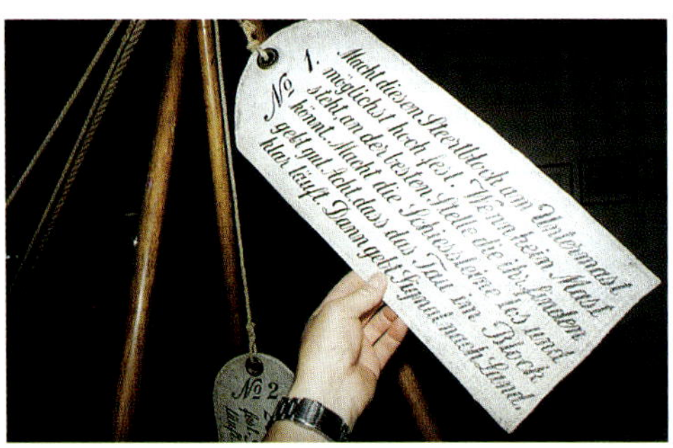

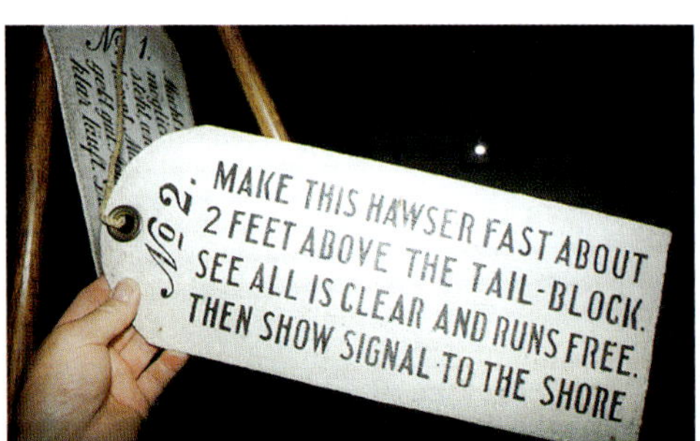

die Kugel beschleunigte sehr schnell und deshalb zerrissen oft die angebrachten Leinen. So mußte erneut geschossen werden und wertvolle Zeit ging verloren. Außerdem waren die Geschütze selbst sehr schwer, sie ließen sich deshalb in Dünen oder an Sandstränden nur schwer transportieren und in die günstigste Schußposition bringen.

Die DGzRS beauftragte daher 1867 das Königlich Preußische Feuerwerkslaboratorium in Spandau bei Berlin mit der Entwicklung einer Rakete zum Abschießen von Leinen. Denn Raketen starten durch das allmähliche Abbrennen ihres Treibsatzes und steigern ihre Geschwindigkeit erst im Flug, wodurch die Leine keiner plötzlichen Belastung ausgesetzt ist.

Die Versuche waren sehr erfolgreich, das leichte Abschußgestell konnte zusammengeklappt mitgeführt werden, die Raketen wurden schon fertig geladen angeliefert, so daß der umständliche und zeitraubende Ladungsvorgang des Mörsers entfiel. Bei Nacht und Regen war der Umgang mit dem Schießpulver der Mörser zudem oft gar nicht möglich.

Als dann auch noch ein Bremer Wagenbauer einen Transportwagen für das Abschußgestell, die Raketen und die Leinenkästen entwickelt hatte, beschloß die DGzRS, ihre mit Manby-Mörsern bestückten Stationen zusätzlich mit Raketenapparaten auszustatten.

Um auch von Booten aus eine Leine zu Havaristen herüberschießen zu können, wurden speziell entwickelte Leinengewehre oder Pistolen eingesetzt. So konnten die Rettungsmänner von einem Boot aus eine Leinenverbindung herstellen, ohne sich auf Wurfweite nähern zu müssen.

Um schneller an den Einsatzorten sein zu können, wurden in den 30er Jahren erstmals Raketenapparate auf geländegängige Lastwagen montiert. Man übernahm Lkw, die bei der Wehrmacht eingesetzt wurden und vorn Räder hatten, hinten jedoch Ketten. Auf der Straße erreichten diese Fahrzeuge eine Geschwindigkeit von 70 km/h, und sie bahnten sich ihren Weg selbst durch extrem lockeren Dünensand. Der Zweite Weltkrieg beendete aber die geplante Ausrüstung von 60 der 67 Küstenstationen mit diesen Fahrzeugen. So wurden nur zwei eingesetzt, einer auf Sylt, der andere in

In Hosenbojen wurden die Gestrandeten dann aufs Festland gezogen.

Weißenhaus an der Ostsee. Dieser Lkw vollbrachte auch die letzte Leinenrettung in der Geschichte der DGzRS. Am 14. Februar 1954 wurde die dreiköpfige Besatzung eines Kutters aus Eisnot befreit. Im Jahre 1969 wurden die mittlerweile sehr altertümlich wirkenden Lkw ausgemustert. Einer von ihnen steht heute im Deutschen Schiffahrtsmuseum in Bremerhaven.

Insgesamt wurden mit Raketenapparaten im Bereich der DGzRS 372 Menschenleben gerettet.

Für Schüsse aus geringen Entfernungen oder von einem Boot aus setzte man Leinenschußgewehre ein (oben und links). Unten eine Rettungsmannschaft in Korkschwimmwesten und mit einem Leinengewehr.

Bergung als Sensation – die Taucherschau an der Elbe

Das Gelände der Taucherei Harmstorf an der Elbe war ein Anziehungspunkt für Touristen aus aller Welt.

Ausflüge mit dem Dampfer zum Taucher Harmstorf am Falkensteiner Ufer in Blankenese unweit von Hamburg waren um die Wende von 19. zum 20. Jahrhundert beliebt: Auf dem Gelände von Friedrich Matthias Harmstorf gab es immer etwas zu sehen, was in jener Zeit ohne Reality-TV und Actionfilme die Sensationslust befriedigte. Schon neben dem Landesteg, der zu dem türmchenbesetzten Ausflugslokal und Hotel mit dem Namen „Hotel zum Taucher" führte, lagen meist einige Schiffswracks, Folgen von Strandungen im schwierigen Fahrwasser der Elbe und ihrer Mündung. Das Unternehmen Harmstorf hatte sie geborgen und schlachtete sie nun aus.

1861 hatte Friedrich Matthias Harmstorf sein Unternehmen in Hamburg begonnen, dann aber erkannt, daß er an der Unterelbe näher an seinen Einsatzorten lag und sie deshalb 1877 nach Blankenese verlegt.

Der Firmeninhaber begnügte sich nicht damit, Schiffe zu bergen. Wenn seine Taucher nicht gerade Wracks beseitigten, stiegen sie mittwochs und sonntags in ihre wasserdichten Monturen, um in einem Bassin Zuschauern die Abenteuer ihres Berufes vorzuführen. Da Sensationen sich aber immer schon abnutzten, waren ständig Steigerungen und neue Ideen gefragt. Es

Vor der Taucherei lagen immer einige Wracks, die ausgeschlachtet wurden.

Der ausgebrannte Segler „Nordstjern“ trug noch seine Masten, als er zum Harmstorf-Gelände geschleppt wurde.

ging schließlich so weit, daß ein Maler unter Wasser regelmäßig Bilder anfertigte. Außerdem gab es zweimal in der Woche ein Prachtfeuerwerk, Konzerte und Akrobatik. Für die Musikdarbietungen sorgten 50 bis 60 Musikschüler einer Harburger Musikschule. Die Gäste kamen aus aller Welt, wer auch immer Hamburg besuchte, fuhr mit dem Dampfer zu Taucher Harmstorf.

Der erste Weltkrieg machte mit diesem Vergnügungsbetrieb Schluß, 1918 wandten sich die Harmstorfs wieder ganz dem Taucher- und Bergungsgeschäft zu.

Wenige Spuren sind vom damaligen Unternehmen des Tauchers Harmstorf übriggeblieben. Zu ihnen gehören zwei Wracks am Elbufer. Die Reste des hölzernen Rumpfes gehören zu dem finnischen Dreimaster „Nordstjern“, der 1922 beladen mit Kistenholz auf dem Weg von Finnland nach England war. In einer Zeit, zu der viele Segler sogar um Kap Horn völlig ohne Maschine segelten, hatte die „Nordstjern“ einen Glühkopfmotor als zusätzlichen Antrieb. Der erlaubte dem Schiff durch den Nord-Ostsee-Kanal zu fahren. Aber dieser Motor wurde ihm auch zum Verhängnis – im Maschinenraum entstand ein Feuer, das auf Deck und Aufbauten übergriff. Im Watt zwischen Cuxhaven und Neuwerk lief der Segler auf Grund, die Besatzung konnte sich retten. Was übrigblieb, barg die Firma Harmstorf. Sie schleppte die Reste des Seglers auf ihr Gelände am Falkensteiner Ufer und schlachtete sie aus. Viel war an dem hölzernen Rumpf allerdings nicht mehr zu holen, der Glühkopfmotor war völlig ausgeglüht,

Jeden Mittwoch und Samstag führten die Taucher ihre Ausrüstung vor.

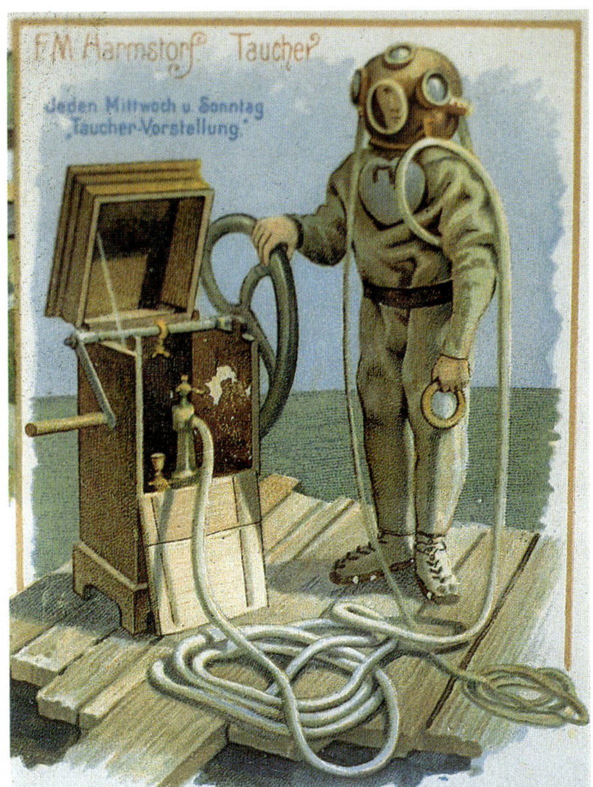

Heute ist der Rumpf er „Nordstjern“ auseinandergebrochen und liegt als Wellenbrecher vor dem Ufer.

Die beiden Zylinder des Glühkopfmotors, der ein ganzes Schiff in Brand setzte, sind noch heute im Wrack zu erkennen.

Bei Ebbe ragt das stählerne Heck des Binnenschiffes „Uwe“ aus dem Wasser.

Aus dem geborstenen Heck ragt die Schiffsschraube der „Nordstjern“.

wurde nicht geborgen und ist deshalb noch heute im zerbrochenen Rumpf zu erkennen. Inzwischen dienen die Reste der „Nordstjern" als Wellenbrecher vor dem Ufer.

Gleich neben den Resten des hölzernen Seglers ragt ein stählernes Heck aus dem Wasser. Es erinnert an einen dramatischen Zwischenfall am 19. Dezember 1975. In dichtem Nebel war das polnische Containerschiff „Mieczyslaw Kalinowski" (10 112 BRT) mit dem Hamburger Motorschiff „Wiedau" (1322 BRT) kollidiert. Die „Wiedau" kenterte und riß dabei das Binnenschiff „Uwe" (600 BRT) mit in die Tiefe. Während das Containerschiff mit eigener Kraft den Hamburger Hafen anlaufen konnte, waren die Bergungsarbeiten für die beiden anderen Schiffe schwierig. Die „Uwe" lag in 16 Metern Tiefe unter der „Wiedau".

Eine Blütezeit erlebte das Bergungsunternehmen Harmstorf nach dem Zweiten Weltkrieg, als es die Wracks des Krieges aus dem Hafen beseitigte. Dabei erzählt man sich noch heute, daß die Taucher von der englischen Kommandantur beauftragt wurden, einen Dampfer zu heben, die Ladung sollten sie als Bergelohn behalten dürfen. Sie bestand aus Säcken mit Zucker, deren Inhalt sich jedoch nicht im Elbwasser aufgelöst hatte. Lediglich eine dünne Außenschicht war karamelisiert und hatte den übrigen Inhalt vor Schäden bewahrt. Und Zucker hatte damals einen erheblichen Schwarzmarktwert…

Auch Alnwick, der Sohn von Friedrich Matthias Harmstorf verstand es, die Sensationslust seiner Mitmenschen zu befriedigen.

Ein Taucher malte für die Zuschauer sogar Bilder unter Wasser.

Auf dem Gelände gab es ein kleines, künstliches Bassin für die Vorführungen.

Vom Ruder- zum Motorrettungsboot

Nach dem Rudern in schwerer See waren die Rettungs-Mannschaften oft so entkräftet, daß sie kaum noch helfen konnten.

Mit einem Ruderrettungsboot einen Havaristen zu erreichen, war harte Knochenarbeit. Gegen auflandigen Wind und auflaufendes Wasser mußten die Mannschaften ihre schweren Boote rudern und kamen nur mühsam Meter für Meter an jene Menschen heran, die sehnsüchtig auf Rettung warteten. Wenige hundert Meter konnten so zu einer Strapaze werden. Hatten die Männer endlich den Havaristen erreicht, dann waren sie oft selbst so erschöpft, daß sie kaum noch in der Lage waren, die Bordwand hochzuklettern oder den ebenfalls entkräfteten Schiffbrüchigen wirkungsvolle Hilfe zu leisten.

Zwar hatten die Strandrettungsboote auch Segel, doch war es schwierig, gegen Sturm und hohe Seen aufzukreuzen. Wo es ging, ließen sich Rettungsmänner in ihren Booten von Dampfschiffen auf die offene See ziehen, um Kräfte zu sparen und dann mit dem Wind auf den Havaristen zutreiben.

Zu jener Zeit war Dampf die einzige Energiequelle auf Schiffen, doch für Rettungsboote eigneten sich Dampfmaschinen nicht. Sie waren selbst schon schwer genug, dazu kamen der Wasser- und Kohlevorrat. Dampfrettungsboote konnten nicht auf einem Wagen an den Strand gezogen werden und hatten für den Einsatz in flachen Gewäs-

Für die Unterbringung der offenen Boote baute die DGzRS entlang der Nord- und Ostseeküste eine Reihe von einheitlichen Bootsschuppen mit Ablaufbahnen direkt ins Wasser.

sern zu viel Tiefgang. Außerdem nahm es zuviel Zeit in Anspruch, die Kessel erst bei Alarmierung anzuheizen, bis endlich genug Druck aufgebaut war.

Zwar gab es in England schon ab 1890 ein dampfgetriebenes Rettungsboot, aber erst mit der Erfindung von Diesel- und Benzinmotoren standen leichte und recht unkomplizierte Maschinen zum Antrieb von Rettungsbooten zur Verfügung. Nachdem Gottfried Daimler den vom ihm entwickelten Motor schon 1886 in ein Boot eingebaut und damit bei einer Ruderregatta in Frankfurt erhebliches Aufsehen erregt hatte, war der Beweis erbracht, mit solchen Maschinen auch kleinere Wasserfahrzeuge antreiben zu können.

Rettungsstation THIESSOW.

Für den Transport durch Dünen oder an langen Sandstränden gab es Transportwagen, die von sechs Pferden gezogen wurden.

In den USA bewährten sich ab Ende des 19. Jahrhunderts mehrere Rettungsboote mit Benzinmotoren, dort gab es schließlich 147 motorisierte Boote im Rettungsdienst.

In Deutschland hatte man den technischen Fortschritt und die Erfahrungen im Ausland aufmerksam verfolgt. Ein erstes Motorrettungsboot kaufte die DGzRS 1911 in England, es wurde auf den Namen „Oberinspector Pfeifer" getauft, nach dem verstorbenen Leiter des nautisch-technischen Dienstes der Gesellschaft, der sich sehr für die Anschaffung eines motorisierten Bootes engagiert hatte.

Im selben Jahr erhielt das gedeckte Segelrettungsboot „Carl von Lingen" als erstes einen Motor als Hilfsantrieb zur Überwindung von ungünstigen

Linke Seite:
Auf Schienen rollten die Boote zum Einsatz.

Strömungen oder Flauten, als Hauptantrieb wurde aber nach wie vor der Wind genutzt. Nachdem sich dieses Verfahren in der Praxis bewährte, wurden weitere gedeckte Segelrettungsboote so ausgerüstet.

Danach gab die Gesellschaft sieben offene, reine Motorrettungsboote in Auftrag.

Nach dem Ersten Weltkrieg zeigte sich, daß es an der deutschen Küste mit ihrer unterschiedlichen Beschaffenheit keinen einheitlichen Rettungsboottyp geben könnte. Einerseits brauchte man kleine, flachgehende und

Stolz präsentierte die Deutsche Gesellschaft zur Rettung Schiffbrüchiger (DGzRS) während der Weltausstellung in Wien ihr erstes in Deutschland gebautes, selbstlenzendes und wiederaufrichtendes Küsten-Rettungsboot. Zuvor waren Rettungsboote in England gekauft worden, entsprachen aber nicht immer den Anforderungen an deutschen Küsten.

wendige Boote für den Einsatz im Küstenvorfeld mit seinen vielen Untiefen, andererseits aber große Rettungsboote, die ständig in Häfen bereit lagen und für den Einsatz in der offenen See auch bei schwerem Wetter geeignet waren.

So entwickelte man eine Reihe von Strandrettungsbooten, die entweder von Ablaufwagen aus oder aus festen Schuppen mit einer Slipanlage zu Wasser gebracht werden konnten und andererseits große, seetüchtige Motorboote, Vorläufer der späteren Rettungskreuzer.

Damit die Räder im weichen Sand nicht einsackten, waren sie von einer Art Gleisketten umgeben. So vergrößerte sich die Auflagefläche.

Die Rettungsmannschaft ging an Bord bevor die schweren Boote vom Transportwagen aus ins Wasser glitten.

Es war schwere Arbeit, ein Ruderrettungsboot voranzubringen.

Motorrettungsboote erlaubten auch größere Strecken in schwerer See zurückzulegen.

Hölzerne, gedeckte Einschrauben-Motorrettungsboote hatten anfangs oft noch eine Hilfsbesegelung.

Das Zweischrauben-Motorrettungsboot „Richard Krogmann" der Station Cuxhaven war mit 17,10 Metern Länge das größte seiner Zeit.

Die Aufbauten der Motorrettungsboote gaben den Mannschaften ein wenig Schutz vor überkommenden Seen.

Der Kapitän wollte als letzter von Bord – und schaffte es nicht mehr…

Nach dem pflichtbewußten Kapitän Theodor Dreyer wurde in Hamburg eine Straße benannt.

Es sollte eine Vergnügungsreise in einem außergewöhnlichen Revier werden und sie endete in einer Katastrophe. Das Hamburger Passagier-Motorschiff „Monte Cervantes" unter Führung von Kapitän Theodor Dreyer fuhr zu Beginn des Jahres 1930 mit 1117 Passagieren und 330 Besatzungsmitgliedern an Bord durch den zerklüfteten, felsigen Beaglekanal, nur wenig nördlich von Kap Horn an der Südspitze des amerikanischen Kontinentes. Das Schiff hatte neben seinem Kapitän weitere erfahrene Nautiker an Bord, war mit den neuesten Seekarten gut ausgestattet und scheiterte trotzdem an einer spitzen Felsnadel, der man nicht mehr rechtzeitig ausweichen konnte. Die Untiefe war in keiner der Karten dieser abgelegenen und wenig vermessenen Region verzeichnet gewesen. Sie ragte bis kurz unter die Wasseroberfläche, während die Gewässer unmittelbar daneben so tief waren, daß der Anker keinen Grund fand, sondern an der mehrere hundert Meter langen Kette ausrauschte.

Nach dem Aufsetzen sackte das Schiff ab. Kapitän Dreyer gab sofort den Befehl in die Boote zu gehen, mit nur 25 Mann seiner Besatzung blieb er auf dem Schiff, um eine Rettung zu versuchen. Die Menschen in den Rettungsbooten brauchten nicht lange zu warten, das argentinische Transportschiff „Vincent Fidel Lopez" hatte den SOS-Ruf aufgefangen und war sofort zur unweit gelegenen Unglücksstelle ausgelaufen.

Die zurückgebliebenen Männer auf der „Monte Cervantes" konnten das Schiff nicht mehr retten, so gab der Kapitän auch ihnen den Befehl in die letzten Boote zu gehen. Er selbst wollte das Schiff nach

Nach dem Auflaufen auf einer Felsnadel blieb die „Monte Cervantes“ schräg auf der Untiefe hängen.

altem Brauch als letzter verlassen und packte noch einige wichtige Papiere zusammen. Da ging plötzlich ein Ruck durch das Schiff, die „Monte Cervantes“ begann sich auf die Seite zu legen. Das letzte Boot mußte schnellstens ablegen, um nicht vom Strudel erfaßt zu werden. Gebannt hielten die Männer nach ihrem Kapitän Ausschau und entdeckten ihn schließlich, als er sich mit einem Rettungsring über die Reling herablassen wollte. In dem Augenblick rollte das Schiff über, der Kapitän verlor den Halt und stürzte in eine Öffnung des Promenadendecks. Wenig später schlug das Wasser über dem Schiff zusammen, nur das Heck ragte noch aus dem Wasser. Jede Suche nach dem Kapitän blieb erfolglos.

In Erinnerung an seine Pflichterfüllung wurde in Hamburg, dem Heimathafen seines Schiffes, eine Straße nach ihm benannt.

Als das Schiff kenterte, war nur noch der Kapitän an Bord. Das Schiff riß ihn mit in die Tiefe.

Faltbare Rettungsboote – Vorläufer der Rettungsinseln

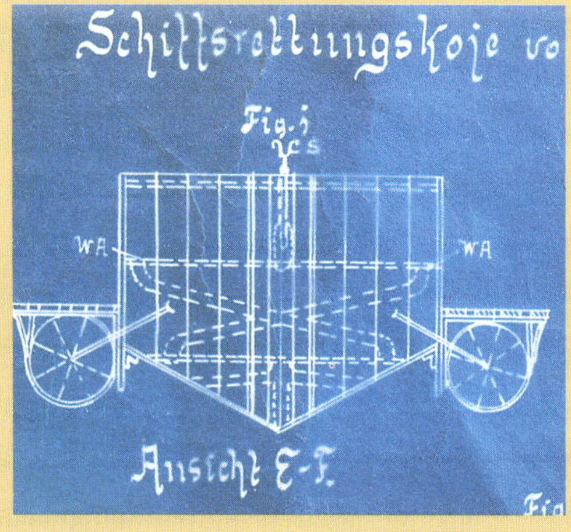

Aufsehenerregende Schiffsuntergänge mit dem Verlust vieler Menschenleben beschäftigten die Menschen an der Küste ebenso wie im Binnenland. Als unzureichend galt lange Zeit die Ausstattung von Passagierschiffen mit Rettungsmitteln. Das Beispiel des 1912 gesunkenen Luxusliners „Titanic" ist hinlänglich bekannt.

Schon früh dachten deshalb Menschen daran, platzsparende Rettungsmittel zu konstruieren, die nicht viel Stauraum beanspruchten, aber im Notfall schnell einsatzklar zu machen waren.

Als Rettungskoje bezeichnete der Flensburger Georg Christian Lauritzen seine Erfindung aus faltbaren Bootsteilen und aufblasbaren Schläuchen. Eine Konstruktion, die manche Idee heutiger Rettungsmittel vorwegnahm.

Einen Prototyp ließ der Erfinder 1913 bei der renommierten Werft Abeking & Rasmussen in Lemwerder an der Weser bauen. Die Fotos zeigen die Erprobung der Rettungskoje auf der Flensburger Förde bei Meierwik. Die Konstruktion schien die Belastungstests überstanden zu haben, ging aber trotzdem nicht in die Produktion – vielleicht, weil kurze Zeit später der Erste Weltkrieg ausbrach.

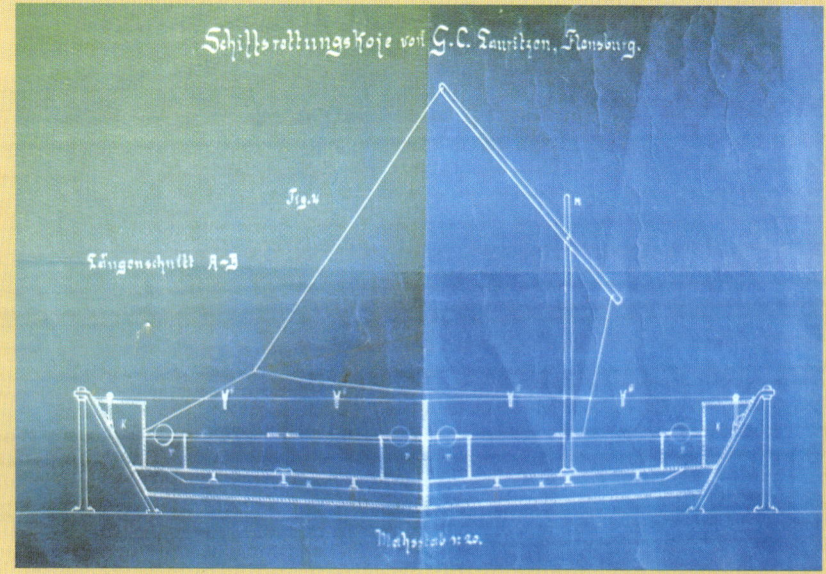

Die Entwicklung der Rettungskreuzer

Die noch im Kriege entwickelten Boote der 17-Meter-Klasse, hier die „Norderney“, wurden auch nach dem Zweiten Weltkrieg noch eingesetzt und waren der Beginn einer Entwicklung von größeren Rettungskreuzern.

Vor der Anforderung, Seenotrettungsschiffe für Einsätze auf hoher See zu bauen, stand die DGzRS erstmals im Zweiten Weltkrieg. Im Luftkrieg gingen immer wieder Flugzeuge außerhalb des Küstenvorfeldes verloren und deren Besatzungen mußten gerettet werden. So wurde ein Kriegsneubauprogramm von sieben 13 Meter langen Einschraubenbooten begonnen. Fünf der Schiffe übernahm die Luftwaffe, zwei gingen an die DGzRS. In deren Konstruktion war die jahrzehntelange Erfahrung aus verschiedenen Schiffstypen eingeflossen.

Diese Boote hatten einen Hauptfahrstand in einem geschlossenen Ruderhaus und dahinter, ein halbes Deck höher, einen offenen Fahrstand, um auch dann operieren zu können, wenn die Besatzung auf Sinneswahrnehmungen von außen angewiesen war. Außerdem gab es einen Ausguckskorb im Mast, um die Suche nach in der See treibenden Menschen zu erleichtern.

Da die Boote länger auf ihren Seepositionen blieben, gab es an Bord erstmals bescheidene Aufenthaltsräume für die Mannschaften sowie Waschräume, eine Toilette und eine Kombüse. Ab 1942 wurde das Kriegsneubauprogramm mit größeren Booten von 14 Metern Länge fortgesetzt. Beide Boote erreichten eine Geschwindigkeit von 8,5 Knoten, was bei weiten Fahrten jedoch zu langsam war und zusätzliche Rettungsmöglichkeiten aus der Luft verlangte.

Als größte Klasse war der Bau von 17-Meter-Booten vorgesehen, von denen wegen des Kriegsendes jedoch nur noch zwei fertiggestellt werden konnten: „Hindenburg" und „Norderney".

Alle im Kriege eingesetzten Boote, auch die der Luftwaffe, trugen übrigens ein Rotes Kreuz als Bemalung und retteten Menschenleben ohne Unterschied der Nation.

Nach dem Krieg zeichnete sich ab, daß die Großschiffahrt auf immer küstenferneren Schiffahrtswegen verlaufen würde. Um auch für solche Rettungsaufgaben gerüstet zu sein, griff die DGzRS auf ihre Erfahrungen aus den Kriegseinsätzen zurück. Damals entstand die Idee von einem uneingeschränkt seetauglichen Rettungskreuzer mit einem Turm und offenem Fahrstand für bessere Übersicht und einem Tochterboot für den Einsatz in flachen Küstengewässern. Für den ersten Versuch baute man das 1931 in Dienst gestellte Motorrettungsboot „Bremen" um. So wurde das Boot 1953 der erste Rettungskreuzer mit der später für diese Boote so charakteristischen Turm-Silhouette.

Der Rettungskreuzer „Otto Schülke" zeigt schon die charakteristische Silhouette mit dem Turm und ist mit einem Tochterboot ausgestattet.

Doch das Ergebnis enttäuschte – das Schiff erreichte nur eine Geschwindigkeit von zehn Knoten. Für Rettungseinsätze nach den neuen Ansprüchen war das zu langsam.

Im Eiswinter 1956 lagen die Rettungskreuzer auf Langeoog fest.

Zu den derzeit modernsten Rettungskreuzern gehört die 24-Meter-Klasse, die auch bei Gas- und Chemikalienunfällen eingesetzt werden kann.

Als erster von Grund auf neu konstruierter Seenotkreuzer gilt „Hermann Apelt“, ein 21,5 Meter langes Schiff, das bei der Vegesacker Lürssen-Werft vom Stapel gelaufen war und eine Höchstgeschwindigkeit von 17,5 Knoten erreichte.

Die deutschen Kreuzer wurden immer weiter entwickelt und zählten jeweils zu ihrer Zeit zu den modernsten der Welt.

Mitte der siebziger Jahre stellte die DGzRS mit dem Seenotrettungskreuzer „John T. Essberger“ das erste Schiff der 44-Meter-Klasse in Dienst. Er war ebenso wie der später folgende Kreuzer „Wilhelm Kaisen“ für den Einsatz auf Seepositionen vorgesehen. Die drei Propeller bringen zusammen 7200 PS auf die Welle und machen die Kreuzer 26 Knoten schnell. Für Hilfe bei Katastrophenfällen sind die Schiffe zweckmäßig ausgestattet. Hospitaleinrichtungen enthalten Operationskojen, Notarztausrüstung sowie eine Anlage, um Unterkühlte zu baden. Die Feuerlöschanlage hat die gleiche Kapazität eines Feuerlöschbootes. Für die Zusammenarbeit mit Rettungshubschraubern ist auf dem Achterdeck eine Landeplattform installiert.

Der zunehmenden Gefahr von Chemikalien- und Gasunfällen auf See trug die Entwicklung der neuen 24-Meter-Klasse Rechnung. Diese Schiffe haben einen geschlossenen Fahrstand, das gesamte Schiff kann gasdicht verriegelt und unter Überdruck gesetzt werden, so daß es auch in gefährlichen

Für die Stationierung auf Seepositionen sind die beiden größten Kreuzer der 44-Meter-Klasse konstruiert.

Atmosphären eingesetzt werden kann. Für besondere Einsatzsituationen gibt es an der Achterkante des Aufbaus einen kleinen offenen Fahrstand.

Diese Klasse, zu der die Kreuzer „Hermann Rudolf Meyer", „Hans Hackmack", „Bernhard Gruben" und „Theo Fischer" gehören, erreicht eine Geschwindigkeit von 23 Knoten, und kann auch in schwerer See hohe Fahrtstufen laufen. Heftige Grundstöße und Berührungen können sie ohne Schaden aufnehmen und sie sind in der Lage, auch unter schwersten Bedingungen bei einem Havaristen längsseits zu gehen.

Das Tochterboot kann auch bei voller Fahrt hydraulisch ausgesetzt und aufgenommen werden, ohne daß die Besatzungsmitglieder in gefährliche Situationen kommen.

Diese Klasse der 24-Meter-Kreuzer gehört zu den modernsten der Welt.

Eine Bergungspforte in der Bordwand erleichtert im Wasser treibende Menschen an Bord zu ziehen.

Die Maschine eines Tochterbootes ist so stark, daß es sogar den wesentlich größeren Rettungskreuzer in Schlepp nehmen kann.

Die Tochterboote sind äußerst seetüchtig und können notfalls auch allein einen Hafen ansteuern.

„Georg Breusing“ – ein Seenotkreuzer zum Anfassen

Das freie Vordeck ist leicht gewölbt, damit überkommende Seen schnell ablaufen können.

Rettungskreuzer sind Einsatzfahrzeuge zur Lebensrettung – verständlicherweise können sie deshalb selten einmal besichtigt werden. Einen guten Eindruck von der Technik eines solchen Schiffes gibt jedoch „Georg Breusing“, ein Fahrzeug, das 1988 außer Dienst gestellt wurde und seither an der Ratsdelft in Emden liegt.

Der Kreuzer ist bei der Werft Abeking & Rasmussen in Lemwerder an der Weser gebaut worden, über alles 26,66 Meter lang, 5,60 Meter breit und hat einen Tiefgang von 1,62 Metern. Er erreicht eine Höchstgeschwindigkeit von 19 Knoten.

Das Tochterboot „Engekle up de Muer“ ist 7,50 Meter lang, 2,45 Meter breit und hat einen Tiefgang von 0,75 Metern. Die Höchstgeschwindigkeit beträgt zehn Knoten.

Beide Schiffe sind kentersicher und selbstaufrichtend.

Der Kreuzer „Georg Breusing“ wurde im Mai 1963 in Dienst gestellt und lag ein rundes Vierteljahrhundert auf der Station Borkum der DGzRS. In dieser Zeit hat das Schiff 1672 Menschen geholfen.

Nachdem er außer Dienst gestellt wurde, übernahm ein Emdener Förderkreis den Kreuzer, hält ihn seither fahrtüchtig und ermöglicht Besichtigungen.

Besucher erfahren an Bord etwas über die Konstruktion eines Seenotkreuzers, aber auch über die Rettungsarbeit an Deutschlands Küsten.

Für Einsätze in flachen Gewässern konnte das Tochterboot „Engelke up de Muer“ geslipt werden.

Nach 25 Jahren Dienst auf See ist „Georg Breusing“ heute ein technisches Denkmal und kann an der Ratsdelft in Emden besichtigt werden.

In der Mannschaftsmesse nahmen die vier Besatzungsmitglieder ihre Mahlzeiten ein.

Das Steuerrad im unteren geschlossenen Fahrstand war über eine Welle mit dem Steuer auf dem oberen Fahrstand verbunden.

Der Maschinenraum.

Bei Rettungseinsätzen bot der offene, obere Fahrstand einen guten Überblick.

Mit diesem großen Haken konnte „Georg Breusing“ Schiffe aus Gefahrenzonen schleppen.

Bei dieser Fahrt fanden die Retter selbst den Tod

Am 23. Februar 1967 heulte orkanartiger Sturm über die Nordsee, in schwerer See war nördlich von Helgoland ein holländischer Fischkutter in Not geraten. Der Seenotkreuzer „Adolph Bermpohl“ lief aus und übernahm mit dem Tochterboot drei erschöpfte holländische Fischer, die nach Helgoland gebracht werden sollten. Über Funk meldete die Besatzung der Seenotzentrale, daß der Einsatz beendet sei und man zusammen mit dem Tochterboot, das wegen der schweren See nicht wieder aufgeslipt worden war, langsam nach Helgoland zurücklaufen werde. Das war das letzte Lebenszeichen der Besatzung von „Adolph Bermpohl“. Den Hafen erreichte der Kreuzer nicht mehr, am nächsten Morgen wurde er beschädigt, aber schwimmfähig auf ebenem Kiel in der Nordsee treibend gefunden. Von der Besatzung und den Geretteten fehlte jede Spur.

Noch blieb die Hoffnung, daß sie sich alle in das Tochterboot gerettet haben könnten. Doch als es 24 Stunden später kieloben in der See treibend gefunden wurde, brach auch diese Hoffnung zusammen.

Experten konnten den Unglücksfall nur unvollständig rekonstruieren. Vermutlich war eine riesige Sturzsee von rund 15 Metern Höhe über das Schiff hereingebrochen und hatte alles zerschlagen, was sich ihr in den Weg stellte. Möglicherweise ist der Seenotkreuzer unter der Wucht der Wassermassen fast 90 Grad auf die Seite gelegt worden und hat dabei das längsseits liegende Tochterboot unter sich begraben.

Bei dem Unglück kamen die Rettungsmänner Paul Denker, Hans-Jürgen Kratschke, Otto Schülke und Günter Kuchenbecker ums Leben.

Die schnellste Rettung kommt aus der Luft

Den Feuerschein konnte die Besatzung des deutschen Rettungshubschraubers schon aus mehr als 30 Seemeilen Entfernung am nächtlichen Horizont sehen. Die Männer waren an diesem 26. Oktober 1998 um 0.40 Uhr alarmiert worden, weil der italienische Holzfrachter „Pallas" brennend in der Nordsee trieb. Aus Dänemark hatten bereits ein Rettungshubschrauber und ein Seenotkreuzer den Einsatzort erreicht. Aber die 17 Seeleute konnten wegen der hoch lodernden Flammen weder aus der Luft noch vom Wasser aus abgeborgen werden. Von oben verfolgten die Retter die verzweifelten Versuche der Seeleute, sich in Sicherheit zu bringen. Ein Versuch der Besatzung, das Schiff mit einer Rettungsinsel zu verlassen, schlug fehl und das Rettungsboot kollidierte beim Abfieren mit Teilen der brennenden Ladung. 14 Seeleute trieben in der unruhigen See. Sie waren in den haushohen Wellenbergen zwar schwer zu orten, konnten aber nach und nach von den Rettern aufgenommen werden. Zwei weitere Seeleute sprangen von dem brennenden Havaristen in die kochende See, für einen von ihnen endete dies tödlich – er wurde zwischen dem Rettungsboot und der Bordwand eingeklemmt. Ein dritter Seemann traute sich daraufhin nicht mehr zu springen und blieb auf dem Schiff. Erst Stunden später, beim zweiten Anflug des deutschen Rettungshubschraubers und angesichts einer immer aussichtsloser werden Situation, konnte die Hubschrauberbesatzung den Mann zum Sprung ins Wasser bewegen und ihn schließlich aufnehmen.

Mit Ausnahme des tödlich Verunglückten hatte die gesamte Besatzung gerettet werden können, das Drama um die Bergung des Schiffes ging jedoch weiter…

Die Rettung von Schiffbrüchigen und die Suche nach in der See treibenden Überlebenden von Havarien sind immer ein Wettlauf gegen die Zeit. Meerwasser kühlt die Körper aus, in 15 Grad warmem Wasser kann die Überlebensdauer bis auf zwei Stunden sinken, selbst in 20 Grad warmem

Die Flugzeuge vom Typ Heinkel He 59 hatten sechs abwerfbare Schlauchboote an Bord und konnten sogar neben Schiffbrüchigen wassern, um sie aufzunehmen.

Wasser kann sie lediglich drei Stunden betragen. Nur unter günstigen Umständen kann man länger überleben.

Salzhaltiges Wasser trocknet den Körper aus, Sonne verbrennt die Haut und der Kampf ums Überleben erschöpft die Schiffbrüchigen. An Erschöpfung sind sogar Menschen gestorben, die schon wieder sicheren Boden unter den Füßen hatten.

Die schnellste Hilfe kann aus der Luft kommen, Flugzeuge oder Hubschrauber haben einen so hohen Standpunkt, daß sie größere Gebiete überschauen können als Schiffe, deren Ausguck ja knapp über der Wasseroberfläche liegt. Die technische Entwicklung von Wasserflugzeugen und Flugbooten wurde früh schon für die Seenotrettung genutzt. Allerdings nur im militärischen Bereich. Im Ersten Weltkrieg fischten sie erstmals über dem Meer abgeschossene Piloten von Kampfflugzeugen aus dem Wasser.

Als Hubschrauber noch zu langsam waren, um weite Strecken über See fliegen zu können, nutzte die Bundeswehr Albatros-Flugboote (hier eine amerikanische Maschine) zur Rettung aus Seenot.

Die Zuständigkeit der Militärs für die Seenotrettung hat sich bis heute gehalten, auch die modernen deutschen SAR-Hubschrauber (Search And Rescue) sind der Bundeswehr unterstellt und werden von Soldaten geflogen, aber sie retten auch zivile Schiffbrüchige.

Die weltweit erste Rettungseinheit mit Wasserflugzeugen stellte die deutsche Kriegsmarine schon 1939 auf, weitere folgten in den späteren Jahren. Die eingesetzten Heinkel-Wasserflugzeuge hatten sechs abwerfbare Schlauchboote und Erste-Hilfe-Kästen an Bord, zur Not konnten sie neben im Wasser treibenden Menschen landen und sie aufnehmen. Bei ihren Einsätzen flogen immer zwei Maschinen gemeinsam, eines der Flugzeuge sicherte und wickelte den Funkverkehr ab, das andere wasserte und nahm die Schiffbrüchigen auf.

Die Leistungsfähigkeit war aber noch begrenzt. Erst später eingesetzte Maschinen vom Typ Dornier Do 18 konnten mehrere Schiffbrüchige aufnehmen, sie waren so modifiziert, daß die Geretteten über einen Stummelflügel und eine Luke in die Maschine einsteigen konnten. Auf einen der üblicherweise eingebauten zwei Tanks hatte man verzichtet, dafür war Platz für drei weitere Sitze und zwei Krankentragen geschaffen worden. Als besonders seetüchtige Maschine bewährte sich ab Ende der 30er Jahre die Dornier Do 24. Man hat einmal errechnet, daß mit dem Typ Do 24 wohl insgesamt rund 11 560 Schiffbrüchige gerettet worden sind, davon waren rund 5000 Menschen Soldaten der Kriegsgegner. In England, Kanada, Australien und Neuseeland gibt es noch heute den sogenannten „Goldfish-Club", in dem sich die mit Wasserflugzeugen geretteten zusammengeschlossen haben und die sich noch immer regelmäßig mit ihren damaligen Rettern treffen.

Die Dornier Do 24 war 22 Meter lang, hatte eine Spannweite von 27 Metern und erreichte eine Marschgeschwindigkeit von 295 km/h. Dieses Muster war auch nach dem Zweiten Weltkrieg noch in Frankreich, Schweden und Spanien als Seenotrettungsflugzeug im Einsatz. Auf Mallorca beispielsweise war noch bis weit in die 70er Jahre hinein eine Do 24 in Pollensa stationiert.

Obgleich die Maschinen der in Deutschland aufgestellten Rettungsgruppen dem Militär unterstanden, trugen sie als Bemalung das international anerkannte Rote Kreuz und retteten ohne Ansehen der Nationen im Meer treibende Menschen.

Der Seeaufklärer Breguet wird unter anderem zur Suche nach Überlebenden von Schiffsunglücken eingesetzt.

Sanitäter bringen auf einer Hubschrauberlandeplattform einen Verletzten zum SAR-Hubschrauber.

Nach dem Zweiten Weltkrieg wurde in Deutschland im Jahre 1959 die erste SAR-Einheit der Bundeswehr in Kiel-Holtenau aufgestellt, nachdem die Bundesrepublik drei Jahre zuvor der internationalen zivilen Luftfahrtorganisation ICAO (International Civil Aviation Organisation) beigetreten war, woran sich die Auflage knüpfte, einen nationalen Such- und Rettungsdienst für die Luftfahrt aufzubauen. Die Übernahme von Aufgaben über See kam also hinzu.

Die ersten SAR-Einheiten waren mit britischen Hubschraubern vom Typ Bristol Sycamore B-171 ausgestattet, deren Reichweite und Navigationsmittel für lange Einsätze über See jedoch nicht ausreichten. Deshalb kaufte die Bundeswehr fünf Flugboote vom Typ Grumman Albatros, die ab 1959 eingesetzt wurden. Sie waren mit Funk- und Peilgeräten sowie Radar ausgestattet, erreichten eine Höchstgeschwindigkeit von fast 400 km/h und konnten 20 Stunden in der Luft bleiben. Selbst bei rauhem Seegang von Stärke vier und bis zu Windstärke sechs konnten diese Flugzeuge im Wasser starten und landen.

Die Albatros-Flugzeuge suchten und orteten die Schiffbrüchigen, und sobald sie welche lokalisiert hatten, landeten sie auf dem Wasser und nahmen sie auf. War der Seegang für Landungen zu stark, dann dirigierte die Flugzeugbesatzung aus ihrer hohen Sicht andere Rettungsfahrzeuge wie Rettungsboote oder die Seenotkreuzer der DGzRS an die Unglücksstelle.

Die letzte Albatros wurde 1971 außer Dienst gestellt, und man stellte den SAR-Dienst völlig auf leistungsfähige Hubschrauber um. Sie stellten ihre Eignung mehrfach unter Beweis: So waren im September 1970 auf der Insel Amrum vier Lehrer und 34 Kinder an einer lebensgefährlichen Lebensmittelvergiftung erkrankt. Innerhalb kürzester Zeit hatten drei Hubschrauber die Kinder aufgenommen und in umliegende Krankenhäuser auf dem Festland gebracht. Alle konnten gerettet werden.

Nachdem im Oktober 1966 ein Starfighter in die Nordsee gestürzt war, hatte ein Hubschrauber schon 29 Minuten später den im Wasser treibenden Piloten aufgefischt. Von einem griechischen Frachter, der vor Terschelling auf Grund gelaufen war und auseinanderzubrechen drohte, barg eine Hubschrauberbesatzung in zwei Flügen alle 15 Seeleute.

Nicht immer aber waren die eilig angeforderten Hubschraubereinsätze spektakulär: So meldete im März 1969 ein Zivilflugzeug, es hätte in der Nähe des Leuchtturmes Kiel ein mit 15 Mann besetztes Rettungsboot gesichtet. Der Hubschrauber startete in Kiel-Holtenau, hatte das Boot kurze Zeit später geortet und ging herunter. Die „Schiffbrüchigen" winkten der Besatzung fröhlich zu – es war eine Kutterbesatzung vom Segelschulschiff „Gorch Fock", die rudern übte.

Heute haben rund 90 Prozent aller Einsätze der Bundeswehr-SAR-Hubschrauber zivilen Charakter, in jedem Jahr wird der militärische Such- und Rettungsdienst durchschnittlich 14 000 mal alarmiert. Dazu gehören allerdings nicht nur Rettungen über Seegebieten, sondern auch Hilfeleistung für in Not geratene Flugzeuge und für die Rettungszentren im regionalen Rettungsdienst der Länder.

Bei Rettungseinsätzen über See arbeiten die SAR-Hubschrauber eng mit den Rettungskreuzern des DGzRS zusammen. Beide Einrichtungen unterstützen sich gegenseitig auf der Grundlage einer Vereinbarung, die Einsätze bei Seenotfällen werden von der Seenotleitung in Bremen koordiniert.

Zur Ausrüstung der SAR-Einheiten gehören heute bei der Marine Hubschrauber vom Typ Sea King Mk 41.

Heute sind Rettungshubschrauber an vier Außenstellen stationiert, auf Borkum, in Westerland auf Sylt, Holtenau und Parow bei Stralsund.

Die Besatzungen sind verpflichtet, tagsüber 15 Minuten und nachts 60 Minuten nach einer Alarmierung in der Luft zu sein.

Heute gehören Sea-King-Hubschrauber zur Ausstattung der SAR-Einheiten.

Spezialschiffe zur Bekämpfung von Ölunfällen

Auf der „Mellum" wird das Spezialgeschirr zum Aufnehmen von Ölfilmen vorbereitet.

Bei einer Havarie vor den Küsten kommt es nicht nur darauf an, Menschenleben und Sachwerte zu retten, auch wenn dies Vorrang hat. Wie der Brand auf dem italienischen Holzfrachter „Pallas" zeigte, sind die empfindlichen Watten der Nordseeküste auch in Gefahr, wenn ein normales Fracht-

Diese Arme mit der englischen Bezeichnung „sweeping arms" schieben den Ölfilm zusammen, bis er abgesaugt werden kann.

schiff scheitert, das Öl aus seinen Treibstofftanks austritt und gegen die Küsten geschwemmt wird. Die austretenden Ölmengen bei einem Tankerunglück ziehen katastrophale Folgen nach sich.

Im Jahre 1977 wurde in Deutschland eine wissenschaftliche Arbeitsgruppe zur meereskundlichen Untersuchung von Ölunfällen gegründet, die erforschte, welche Auswirkungen Ölverschmutzungen überhaupt auf das Leben im Meer haben. Im gleichen Jahr wurde als erster Schritt eines größeren Beschaffungsprogrammes ein erster Katamaran in Dienst gestellt, der in der Lage ist, auf der Oberfläche treibendes Öl abzuschöpfen. Bis Ende der achtziger Jahre bauten Werften eine ganze Reihe von Schiffen zur Ölunfallbekämpfung um oder statteten sie, wie die Schiffe „Scharhörn" und „Mellum", mit zusätzlichen Geräten aus. Bei diesen beiden Schiffen können seit-

Eine der interessantesten Konstruktionen ist sicherlich die „Bottsand", ein Schiff, das aufgeklappt werden kann und den Ölfilm zusammenschiebt.

lich Arme zu Wasser gelassen werden, mit deren Hilfe der Ölfilm aufgehalten, abgeschöpft und in spezielle Tanks gepumpt werden kann.

Eine der interessantesten Entwicklungen ist sicherlich das Spezialschiff „Bottsand", das über ein Scharnier in der Mitte aufgeklappt werden kann, um schwimmende Ölteppiche aufzuhalten und aufzusaugen.

Mehr für den Einsatz auf Flüssen und in Häfen eignen sich dagegen kleinere Katamarane, die durch eine verölte Fläche fahren und den Film dabei aufsaugen.

Seite rechts:
Kleinere Katamarane eignen sich eher für den Einsatz auf Flüssen und in Häfen.

MPOSS
MPOSS

Kuriose Erfindungen zur Rettung auf See

Ein weit dem Schiff vorausragender teleskopartiger Fühler sollte 1895 nach Willen dieses englischen Erfinders bei Berührung mit einem Hindernis oder einem anderen Schiff einen elektrischen Impuls aussenden, das Steuer herumreißen und so eine Kollision

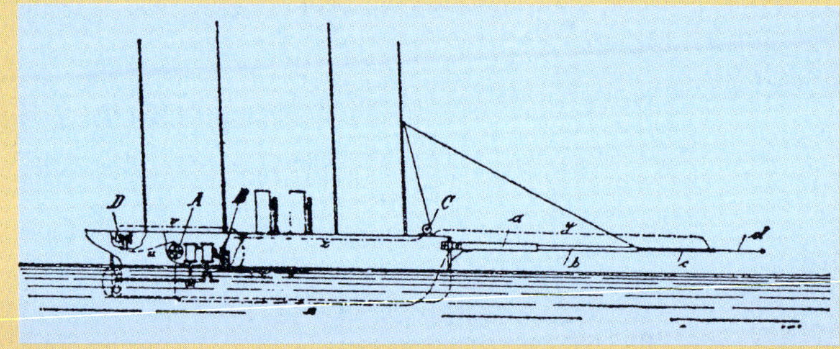

verhindern. Der Erfinder schien nicht bedacht zu haben, daß die Entfernung einer Schiffslänge für ein solches Manöver des letzten Augenblickes wohl kaum ausgereicht haben dürfte.

Auswanderer, Kaufleute, später auch Touristen, alle Menschen, die internationale oder sogar interkontinentale Reise unternahmen, waren bis weit in unser Jahrhundert hinein auf Schiffe als Verkehrsmittel angewiesen. Besonders für Binnenländer war die Angst groß, hatte man doch immer wieder von großen Schiffskatastrophen gehört, die viele Menschenleben kosteten. Das Problem ließ den menschlichen Erfindungsgeist nicht ruhen. So tüftelte mancher an Ideen, wie man die Schiffahrt sicherer machen könnte. Es gab Überlegungen, Grundberührungen und Kollisionen zu vermeiden, ein Schiff zu retten, wenn es doch zum Schlimmsten gekommen war oder zumindest den Passagieren und Besatzungsmitgliedern eine Überlebenschance zu bieten. Man mag heute über diese Ideen schmunzeln, doch sollte man bedenken, daß sie zum Teil von Menschen aus dem Binnenland stammten, die das Meer und seine Kräfte nicht kannten, die noch nie auf einem Schiff gewesen waren und die doch einen guten Gedanken hatten: Sie wollten Menschenleben retten. Und man muß bedenken, daß auch Ideen wie diejenige des Raketenapparates zunächst für nicht durchführbar gehalten wurden...

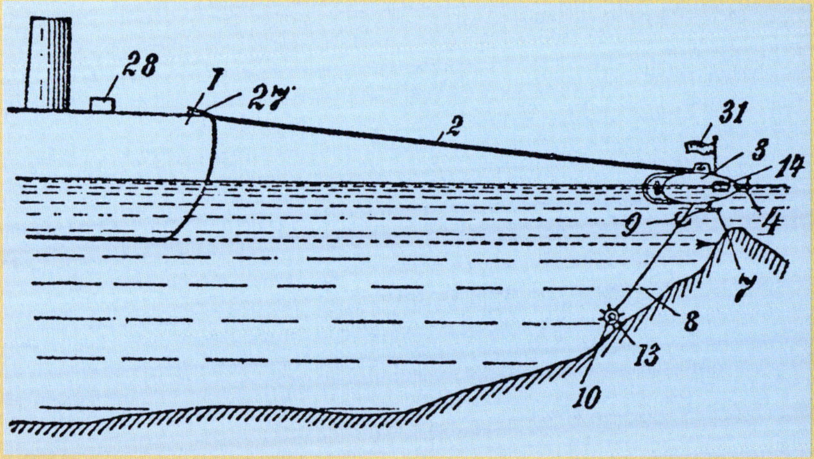

Untiefen unter der Wasseroberfläche sollte nach einem britischen Patent von 1911 das vorausfahrende Pilotboot erkennen, von dem aus ein Fühler die Hindernisse rechtzeitig ertastete und mit elektrischen Signalen vor Untiefen warnte.

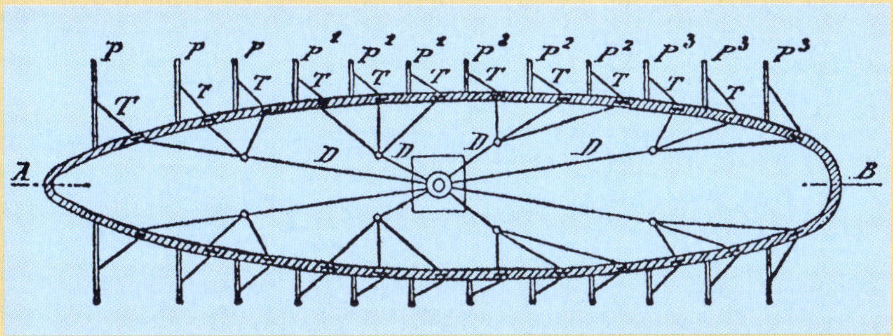

Ein anderer britischer Erfinder überlegte 1903, wie man ein Schiff durch schnelles Aufstoppen vor einer Kollision bewahren könnte, denn der Befehl „Volle Fahrt rückwärts“ war ihm in seiner Auswirkung zu langsam. Die Lösung: Über eine hydraulische Anlage sollten in ganzer Länge des Schiffes Bremsklappen ausgefahren werden. Welche Kräfte nötig wären, diese Klappen bei einem in Fahrt befindlichen Schiff entgegen dem Wasserdruck zu bewegen, hatte der Erfinder offensichtlich nicht bedacht.

Mußte man denn das sinkende Schiff unvermeidlich verlassen und es standen zu wenig Rettungsboote zur Verfügung, war der Käufer dieses Überlebenskoffers im Vorteil. Er ließ seine Wäsche an Bord, zog einen Schlauch aus dem Koffer und ließ sich auf den Wellen treiben, bis Hilfe eintraf.

Manche Kollision schien unvermeidlich. Das mußte aber nach einer Idee eines britischen Erfinders von 1895 nicht gleich den Verlust des gesamten Schiffes bedeuten. Nur die beschädigte und vollgelaufene Außenhaut sollte auf den Meeresgrund sinken, der Kern des Schiffes aber weiterfahren. Mit dem Einbau wasserdichter Schotten wurde ein ähnlicher Effekt schließlich einfacher erreicht.

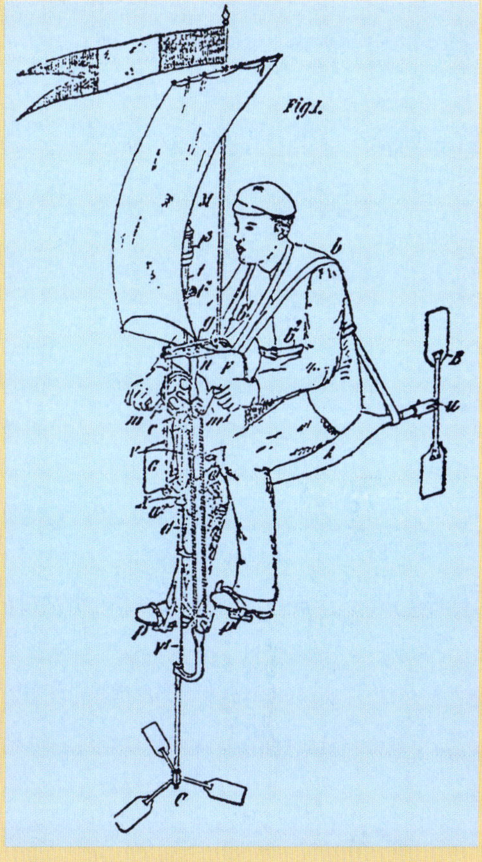

Wenn ein Schiff aufgegeben werden mußte, dann sollten wenigstens Besatzung und Passagiere sich retten können. Eine Art Wasserfahrrad hatte sich ein kluger Kopf 1894 ausgedacht, es sollte sogar ein Segel gesetzt und ein Notwimpel aufgezogen werden können. Nur die Gefahr der Unterkühlung war noch nicht gelöst.

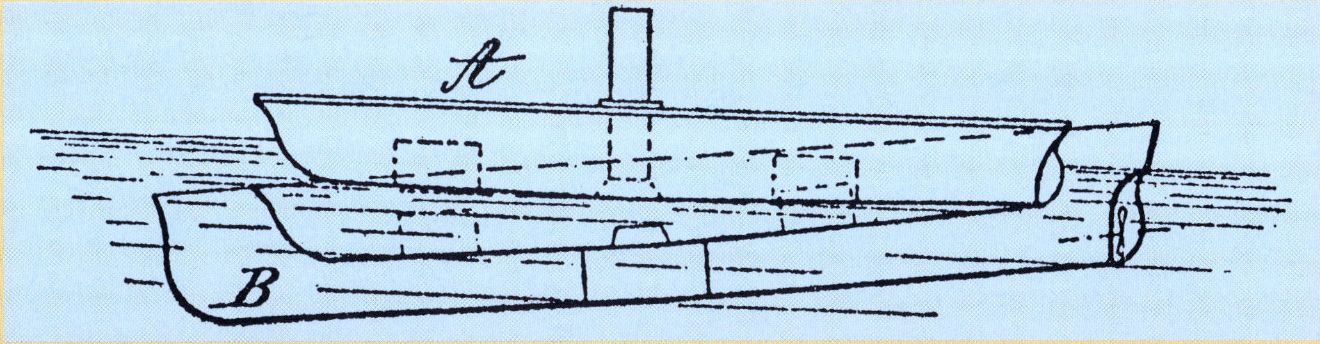

Literaturnachweis:

Vom Strandrechte	J. Schuback	Hamburg 1781
Marine Ezyklopädie	H. Gebauer, E. Krenz	Berlin 1998
Männer und Schiffe vor Kap Horn	Eigel Wiese	Hamburg 1997
Pamir	Eigel Wiese	Hamburg 1997
Windjammer	Eigel Wiese	Königswinter 1999
Retter ohne Ruhm	Hans Georg Prager	Herford 1978
Seenotrettung	B. Anders, A. Lubkowitz, H. Wende	Hamburg 1990
Zur See	v. Henk	Hamburg 1895

verschiedene Ausgaben der DGzRS-Jahrbücher
Weser-Kurier, Bremen

Der Autor:

Eigel Wiese ist gelernter Fotograf und hat eine Journalistenausbildung abgeschlossen. Seit 1973 ist Schiffahrt sein Thema, er schrieb und fotografierte seither an Bord vieler Schiffe für Tageszeitungen und Zeitschriften Reportagen und aktuelle Berichte. Bislang sind von Eigel Wiese mehr als zehn maritime Bücher erschienen.

Bildnachweis:

Archiv Wölfer, Seite 83
YPS / Peter Neumann, Seite 73
Presse- und Informationszentrum Flotte, Seiten 85, 86, 87
alle übrigen Aufnahmen vom Verfasser

Die historischen Darstellungen stellten zur Verfügung:
Wrackmuseum Cuxhaven
Heimatmuseum Schloß Schönebeck
DGzRS-Station Norderney
Sammlung des Verfassers

Museen mit Sammlungen zum Thema Seenot und Rettung

Heimatmuseum Schloß Schönebeck
Im Dorfe 3
28757 Bremen
Tel.: 0421/623432
geöffnet: Di., Mi., Sa, So, 15–17 Uhr,
Sonntag auch 10–12.30 Uhr

Das Heimatmuseum Schloß Schönebeck liegt im heutigen Bremer Stadtteil Vegesack, wo die Rettungsarbeit mit der Initiative des Navigationslehrers Adolph Bermpohl ihre wesentlichen Impulse erhielt. Das Museum stellte deshalb die Entwicklung der Rettungsarbeit in einem gesonderten Raum sehr ausführlich dar.

Wrackmuseum Cuxhaven
Dorfstraße 80
27476 Cuxhaven
Tel.: 04721/23341
geöffnet: März bis November dienstags–freitags 9–13 Uhr und 15–18 Uhr, Samstag, Sonntag und an Feiertagen 10–13 Uhr und 15–18 Uhr

Das Wrackmuseum erläutert in Bildern und anhand geborgener Gegenstände das Schicksal von Schiffen und erläutert ausführlich die Rettung auf See und die Bergung von Schiffen.

Deutsches Schiffahrtsmuseum
Van-Ronzelen-Straße
27568 Bremerhaven
Tel.: 0471/48207-0
geöffnet: Di.–So. 10–18 Uhr,
Museumsschiffe April bis September

Schiffahrtsmuseum Flensburg
Schiffbrücke 39
24939 Flensburg
Tel.: 0461/852970
geöffnet: Di.–Sa. 10–17 Uhr, So. 10–13 Uhr

Schiffahrtsmuseum der oldenburgischen Weserhäfen
Breite Straße 9
26919 Brake
Tel.: 04401/6791
geöffnet: Di.–Sa. 10–12 Uhr und 14–17 Uhr,
So. 10–17 Uhr durchgehend.